NATURKOSMETIK SELBER MACHEN

222 geniale Rezepte für DIY Kosmetik

inkl. Gesichtsmasken, Salben, Cremes, Seifen, Zahnpasta uvm.

Juliane Jäger

Originale Erstauflage

Softcover: 978-3-96967-071-2

Redaktion: Finn Alexander Dubbels
Lektorat: Matthias Kramer
Druck/Auslieferung: WirmachenDruck
Cover: yarunivphoto - depositphotos.com

Impressum:

Eulogia Verlags GmbH
Nagelsweg 22a
20097 Hamburg
Deutschland

Wir wünschen viel Vergnügen beim Lesen!

NATURKOSMETIK SELBER MACHEN

EULOGIA VERLAG

INHALTSVERZEICHNIS

Vorwort

Die Kosmetikindustrie wächst und wächst und das nicht ohne Grund – wer will schließlich nicht weißere Zähne, einen schöneren Teint oder seidige, glänzende Haare haben? Dass wir uns mit der neuen Zahnpasta aber mit Chemie und Mikroplastik an den Zähnen herumschrubben, bedenken die wenigsten Konsumenten, schließlich haben neun von zehn Zahnärzten die neue Ultra-White-Paste in der Werbung empfohlen! Statistiken zufolge benutzt ein Mensch im Durchschnitt täglich zehn verschiedene Kosmetikprodukte, um sich zu pflegen und herauszuputzen. Shampoo, Duschgel, Conditioner, Gesichtscreme, Zahnpasta und auch das Haarspray gehören oftmals in das allmorgendliche Programm im Bad, vom Make-Up mal ganz abgesehen. Dass sich aber die Durchschnittsperson mit ihren zehn Kosmetikprodukten am Tag bis zu 130 verschiedene Giftstoffe auf Haut und Haare und sogar in den Mund schmiert, ist eine Tatsache, deren sich die wenigsten Menschen bewusst sind. Das Gruselige daran ist: Eben diese Giftstoffe bleiben natürlich nicht an unserer Körperoberfläche hängen, sondern können, zum Beispiel über die Haut, bis in unseren Blutkreislauf gelangen.

Auch die Herstellung von Plastikverpackungen boomt in der Kosmetikindustrie, schließlich handelt es sich hier um ein einfaches und günstiges Mittel, die jeweiligen Produkte zu verpacken und hübsch aussehen zu lassen. Während Plastikstrohhalme und Plastiktüten heutzutage glücklicherweise auf dem absteigenden Zweig sind, ist dieser Trend bei Shampoo, Zahnpasta und Co. scheinbar noch nicht angekommen. Somit ist auch die Kosmetikindustrie ein Grund für den enormen Berg aus Plastikmüll, den wir heutzutage unser Eigen nennen müssen. Laut des Plastik-Atlas' der Heinrich-Böll-Stiftung wurden somit seit dem Jahr 1950 über 8,3 Milliarden Tonnen Plastik weltweit produziert. Die Verpackungen deines Shampoos, deines Duschgels oder auch der Flüssigseife werden in einigen Wochen Teil dieses riesigen Bergs aus Plastik sein.

Gehen wir noch einen Schritt weiter und werfen einen Blick auf Peelings, schimmernde Puder und den Lippenstift. Wie bekommen wir das extra Fünkchen Glanz auf die Wangen oder den Glitzer auf die Lippen? Die traurige Antwort ist: Mikroplastik. Hierbei handelt es sich laut gängiger Definitionen um Plastikartikel, welche kleiner als fünf Millimeter sind. Solches Mikroplastik kann entstehen, wenn zum Beispiel die Shampoo-Flasche verwittert und zerfällt. Das Mini-Plastik wird aber auch bewusst eingesetzt, um die Zähne mittels Zahnpasta weiß zu schleifen oder die Haut mithilfe eines Peelings von alten Hautschuppen zu befreien. Auch, wenn es sich „nur" um besonders kleine Plastikpartikel handelt, sind die Ausmaße des Mikroplastiks Große! Sie schaden nicht nur unserer Gesundheit, sondern landen auch in großer Konzentration im Meer, wo sie von Fischen aufgenommen werden, die schlussendlich wieder in unserem Magen landen könnten und somit das Potential haben, noch mehr Schaden anzurichten. Wer sich genauer mit modernen Kosmetikprodukten und ihren fraglichen Inhaltsstoffen und Verpackungen beschäftigt, der kommt in der Regel automatisch zu folgendem Resultat: Es muss doch auch anders gehen!

Plastik gibt es in der Form, wie wir sie heute kennen, noch gar nicht so lange, nämlich erst seit dem Jahr 1950. Diese Tatsache lässt die riesige Menge an Plastikabfällen auf der Welt nicht unbedingt in einem schöneren Licht erscheinen. Sie zeigt uns aber, dass die Menschen vor 1950 auch ohne die Verwendung von Plastik gelebt haben. Auch der Einsatz von Chemie ist noch nicht allzu lange ein Standard in der Kosmetikindustrie. Waren die Menschen früher also ungepflegt und haben nicht auf ihr Äußeres geachtet? Natürlich nicht. Anstatt jedoch die Haare mit Silikon einzuseifen oder die Zähne mit Plastik zu putzen, wurden natürliche Pflegeprodukte verwendet – kurzum: Naturkosmetik. Dieses Buch zeigt dir, wie du den Gang in den Drogeriemarkt ab sofort von deiner To-do-Liste streichen kannst, denn alles, was du dort kaufst, kannst du auch einfach selbst herstellen. Lerne, wie du Shampoo, Zahnpasta und Co. ohne Chemie oder Plastik – ganz natürlich also – selber machen kannst und somit nicht nur die Umwelt, sondern auch dich selbst und deinen Geldbeutel schützt. Auf den folgenden Seiten wirst du lernen, was Naturkosmetik ist und wie sie sich von herkömmlichen Kosmetikprodukten abhebt. Darüber hinaus findest du in diesem Ratgeber über 200 Rezepte und Anweisungen für die Herstellung deiner ganz eigenen Naturkosmetik. Dabei musst du kein*e Chemiker*in oder Kosmetiker*in sein, denn so kompliziert die Inhaltsstoffe der Duschgel-Verpackung klingen, so einfach ist die eigene Herstellung von Naturkosmetik-Duschgel. Sag Chemie und Plastik also den Kampf an und fühle dich von Kopf bis Fuß, auf natürliche Art und Weise, gepflegt!

Naturkosmetik – eine Lebenseinstellung

Weißt du eigentlich, was in deiner Creme alles drinsteckt oder wieso das Rouge so schön glänzt? Vielleicht lohnt es sich für dich, einen Blick auf die Rückseite jener Produkte zu werfen. Vielleicht lohnt sich ein solcher Blick aber auch wieder nicht, denn, um aus den ganzen Fachbegriffen schlau zu werden, müssen wir gefühlt ein halbes Chemie-Studium absolviert haben. Was genau massierst du dir dann täglich in die Haut oder mit welchen Inhaltsstoffen schrubbst du dir über die Zähne?

Wie du bereits gelesen hast, lässt sich in den Inhaltsstoffen (kurz INCIs) von Kosmetikprodukten einiges finden. Dabei handelt es sich aber nicht nur um „gute" Stoffe, die unserer Schönheit auf die Sprünge helfen sollen, sondern oftmals auch um Mikroplastik, Silikone, Parabene, Duftstoffe und viele weitere Inhaltsstoffe, die wir uns im Normalfall nicht unbedingt auf die Augenlider, in die Haare oder auf die Lippen auftragen würden. Während insbesondere in der Ernährung ein grüner Umschwung zu erkennen ist, schließlich setzen immer mehr Menschen auf eine nachhaltige, biologische und regionale Ernährung oder streichen tierische Produkte vom Speiseplan, lässt sich ein solcher Umschwung noch nicht in der Kosmetikindustrie wiederfinden. Hier kaufen wir weiterhin Plastik, setzen auf exotische Inhaltsstoffe aus fremden Ländern oder versorgen unseren Körper mit Chemie. Wer seine Seife selbst herstellt oder auf selbstgemachte Zahnpasta setzt, der läuft schnell Gefahr, als „Öko" abgestempelt zu werden. Die Frage hierbei ist jedoch: Ist es so schlimm, ein „Öko", also ein umweltbewusster Mensch, zu sein?

Die folgenden fünf Punkte werden dir die Vorteile von Naturkosmetik gegenüber der herkömmlichen Kosmetik zeigen und beweisen, dass du auch mit natürlichen Mitteln zu einem strahlenden Lächeln und gepflegten Haaren gelangen kannst und somit auf den ersten Blick gar nicht als „Öko" zu erkennen sein wirst – auch, wenn dein Herz für eine natürliche Lebensweise und den Schutz unserer Umwelt schlägt!

Vorteil Nummer Eins: Naturkosmetik schadet deiner Gesundheit nicht

Wie war das noch einmal mit den 130 Giftstoffen, die der Ottonormalverbraucher täglich durch Shampoo, Bodylotion und Deo seinem Körper zufügt? Für den Verbraucher von Kosmetikprodukten ist es oftmals nur schwer nachzuvollziehen, was wirklich in den Tiegeln und Tuben steckt. Selbst in Kosmetikprodukten für Babys lassen sich Stoffe wie PEGs und Mineralöle finden, die unter Verdacht stehen, krebserregend zu sein.

Wer also stattdessen auf Naturkosmetik setzt, der weiß ganz genau, was er seinem Körper gibt und woher jeder Inhalt stammt. Genauso, wie du bei deiner Ernährung darauf achtest, was du zu dir nimmst, solltest du auch beim „Füttern" deiner Haut und Haare immer wissen, was du aufträgst oder einmassierst. Schließlich würdest du ja auch nicht einfach einen Plastikchip essen, nur weil du nicht wusstest, dass es sich um Plastik gehandelt hat, oder etwa doch?

Vorteil Nummer Zwei: Naturkosmetik belastet die Umwelt nicht

Wenn du einen Blick in deine Dusche wirfst oder das Badezimmerschränkchen aufmachst, dann fällt dir bestimmt auf, dass die vielen kleinen und großen Produkte für den Alltag in der Regel in Plastik oder Metall verpackt sind. Eben dieses Plastik wird nach Aufbrauchen des Produkts in der gelben Tonne landen und der Verbraucher geht los und kauft sich neues Plastik mit neuem Inhalt. Dieser ewige Kreislauf ist mitunter Grund für die schiere Menge an Plastikmüll, mit der wir zu kämpfen haben. Nicht nur das, auch das Mikroplastik aus vielen Kosmetikprodukten schadet der Umwelt enorm, wie du bereits lesen durftest. Der Grund dafür ist, dass dieses Mikroplastik sehr klein ist – zu klein, um von den Kläranlagen, in welche das Abwasser nach der Dusche oder dem Händewaschen gelangt, herausgefiltert werden zu können. Das bedeutet, dass jede Dusche mit Kosmetikprodukten mit Mikroplastik dafür sorgt, dass wieder eine kleine Menge mehr Plastik in unseren Ozeanen landet. Wer meint, dass dies keine Konsequenzen für den Durchschnittsverbraucher hat, der irrt. Die winzigen Teilchen binden Giftstoffe an sich, wie ein

Schwamm, und zersetzen sich nur sehr langsam. Die Folge dessen ist dabei nicht „nur", dass jährlich 135.000 Meeressäuger sowie eine Million Meeresvögel an Mikroplastik und Plastik sterben, auch wir Menschen nehmen die schädlichen Stoffe durch den Konsum von Speisefischen oder Meeresfrüchten auf – wir essen quasi den Müll, den wir selbst produziert und weggeschmissen haben.

Wer seine Naturkosmetik selbst herstellt, hat neben vielen Vorzügen einen Vorteil, der sich positiv auf die Umwelt auswirkt: Er benutzt kein Einmal-Plastik mehr. Dadurch, dass Cremes, Shampoos und Co. selbst hergestellt werden, können sie in eigene Tiegel und Töpfe abgefüllt werden, die immer wieder zum Einsatz kommen können – sage Plastik im Badezimmer also den Kampf an!

Vorteil Nummer Drei: Naturkosmetik sorgt für natürliche Schönheit

Vielleicht hast du schon einmal davon gehört, dass Silikone im Shampoo zwar dafür sorgen, dass die Haare leicht kämmbar und glänzend-geschmeidig werden, aber auf lange Sicht eher Schaden nehmen und nicht so gesund sind, wie sie sein könnten. Auch der bekannte Lippenbalsam bringt eine Art Suchtfaktor mit sich, denn viele Balsame für die Lippen arbeiten mit Paraffinen. Diese sorgen zwar dafür, dass unsere Lippen sich wieder weich und geschmeidig anfühlen, gleichzeitig sind sie aber auch der Grund dafür, dass die empfindliche Haut schneller wieder austrocknet, wodurch der Balsam erneut zum Einsatz kommen muss. Wir fühlen uns sauberer, wenn die Zahnpasta oder das Shampoo stark schäumt, wie wir es in der Werbung immer sehen. Dabei ist eine solch riesige Schaumhaube auf dem Kopf ebenfalls eher schädlich für die Haare, als dass sie sie pflegt, denn: Was stark schäumt, trocknet in der Regel auch stark aus, weil selbst die letzte schützende Fettschicht deiner Kopfhaut weggeschrubbt wird. Du siehst also, dass nicht alles Gold ist, was glänzt. Deswegen ist es viel wichtiger, zu wissen, was Haut, Zähne und Haare wirklich benötigen, um gesund und gepflegt zu sein. Um eben diese Bedürfnisse zu erfüllen, braucht es keine Chemie und keine hochkomplexen Formeln – deine Haut, deine Haare und dein ganzer Körper werden es dir auf lange Sicht danken, wenn du immer mehr Naturkosmetik verwendest – auch, wenn es für dich eventuell eine Umstellung bedeutet.

Vorteil Nummer Vier: Naturkosmetik arbeitet ohne chemische Duftstoffe

Nicht selten sehen wir Warnungen auf herkömmlicher Kosmetik vor allergischen Reaktionen. Insbesondere chemische Duftstoffe können für Rötungen, Schwellungen oder die Entstehung von Hautunreinheiten sorgen. Naturkosmetik hingegen arbeitet vollkommen ohne chemische Zusätze oder Duftstoffe. Das bedeutet natürlich nicht automatisch, dass natürliche Inhaltsstoffe keinen Schaden anrichten können – die Kieselerde zum Beispiel eignet sich gut als Gesichtsmaske. In den Haaren einmassiert, trocknet sie die Lockenmähne jedoch sehr schnell aus. Auch das Teebaumöl bringt ein gewisses Allergie-Potential mit sich und kann die Haut austrocknen. Der große Vorteil bei den Inhaltsstoffen von Naturkosmetikprodukten ist jedoch, dass dir immer genau bekannt ist, was drin ist. Somit kannst du von vorneherein alle Stoffe ausschließen, auf die du eventuell reagieren könntest, und musst nicht, wie bei konventioneller Kosmetik, erst einmal einen Übersetzer heraussuchen, um zu verstehen, woraus das jeweilige Produkt zusammengesetzt wurde.

Vorteil Nummer Fünf: Naturkosmetik kannst Du selber herstellen

Dies ist vielleicht mitunter der größte Vorteil, denn wie praktisch ist es, die eigenen Kosmetikprodukte ganz einfach selbst herzustellen? Dafür brauchst du, wie du in den nachfolgenden Kapiteln lernen wirst, weder ein umfassendes Equipment noch das größte Wissen. Auch ein Labor ist für die Herstellung von Naturkosmetik nicht nötig – du kannst Shampoo, Conditioner und Co. ganz einfach in der Küche herstellen. Übrigens: Wer seine Kosmetik aus natürlichen Inhaltsstoffen selbst herstellt, der schont nicht nur die Umwelt und seine eigene Gesundheit, sondern spart auch bares Geld. Wer schon einmal einen genaueren Blick auf die Preise der Anti-Aging-Cremes oder Profi-Shampoos geworfen hat, der weiß, wie schnell der eine oder andere 50€-Schein in der Kasse des Drogerie-Markts landen kann. Naturkosmetik selbst zu machen, ist stattdessen überhaupt nicht teuer!

Wissen, was drin ist

Hast du schon einmal einen Blick auf die Zusammenstellung deiner Feuchtigkeitscreme geworfen? Wenn ja, weißt du, was die Begriffe Microcrystalline Wax, Di-n-Butylphthalat, Methylbenzylidene Camphor oder Aluminium Chloride bedeuten? Die Hersteller konventioneller Kosmetik versprechen dem Verbraucher ein absolut luxuriöses Erlebnis bei der Anwendung der Produkte, mit herausragenden Ergebnissen – doch mit welchen Mitteln werden solche Ergebnisse erreicht? In den meisten Fällen wissen wir überhaupt nicht, woraus dieses oder jenes Kosmetikprodukt zusammengestellt ist. Die vielen fremdklingenden, kleingedruckten Begriffe auf der Rückseite der Shampoo-Flasche oder der Feuchtigkeitslotion liest sich doch nun wirklich niemand durch, davon abgesehen, dass jeder Nicht-Chemiker trotz Lesen nicht unbedingt verstehen würde, was die Begriffe, die wir teilweise nicht einmal aussprechen können, bedeuten. Damit du eine Übersicht darüber bekommst, was wirklich in den Produkten konventioneller Kosmetik steckt, findest du nachfolgend die Top 10 der schädlichen Inhaltsstoffe aus dem Drogeriemarkt:

Aluminiumsalze

INCI-Bezeichnung: Alumina, Aluminium Chloride, Aluminium Stearate, Aluminium Powder, CI77000

Aluminiumsalze lassen sich überwiegend im Bereich der Deodorants wiederfinden. Hier sollen sie eine antitranspirierende Wirkung haben, also verhindern, dass sich Feuchtigkeit unter den Achseln bildet. Eben diese Aluminiumsalze werden aber von der Haut aufgenommen und stehen unter Verdacht, die Entstehung von Brustkrebs oder Alzheimer zu fördern. Inzwischen lässt sich aber auf immer mehr Deodorants lesen, dass sie frei von Aluminiumsalzen sind.

Benzophenon

INCI-Bezeichnung: Butyl Methoxydibenzoylmethane Oxybenzone, 4-Methylbenzylidene Camphor, Benzophenone-1 bis 4

Benzophenone werden als chemische UV-Filter eingesetzt und sind somit in Sonnencremes und Hautpflegeprodukten zu finden. Dieser Inhaltsstoff, zusammen mit seinen Derivaten, wirkt allergisierend und ist somit nicht für Menschen mit empfindlicher Haut zu empfehlen. Darüber hinaus wird vermutet, dass Benzophenone eine hormonelle Auswirkung haben und die Entstehung von Krebs begünstigen.

Formaldehyd

INCI-Bezeichnung: Triclosan, Sodium Hydroxymethylglycinate, Hexamidine Diisethionate, 2-Bromo-2-Nitropropane-1, 3-Diol, Quarternium-15

Formaldehyd wird in der konventionellen Kosmetik als ein Konservierungsstoff eingesetzt. Tatsächlich schädigt dieser Inhaltsstoff aber die Hautflora und reizt die Haut, weswegen immer weniger Hersteller auf den Einsatz von Formaldehyd verzichten (sobald eine Konzentration von 0,05% im Endprodukt überschritten ist, muss dies inzwischen gekennzeichnet sein).

Mineralöle, synthetisches Glycerin und Paraffine

INCI-Bezeichnung: Mineral Oil, Petrolatum, Paraffinum, Liquidum, Paraffinum Subliquidum, Cera Microcristallina, Microcrystalline Wax, Ozokerit, Ceresin, Vaseline

Inhaltsstoffe konventioneller Kosmetik auf Mineralölbasis lassen sich in vielen Produkten wie Lotions, Ölen, Haarpflegeprodukten oder Cremes finden, weil die Herstellung mit diesen Inhaltsstoffen günstig ist. Jedoch legen sich Inhaltsstoffe auf Mineralölbasis auf die Haut und verstopfen die Poren, sodass die pflegenden Komponenten ihre Arbeit nicht vollrichten können. Darüber hinaus sind Stoffe auf Mineralölbasis schlecht für die Umwelt, weil sie nicht abgebaut werden können und sich so in der Umwelt ablagern und Gewässer schädigen.

Parabene

INCI-Bezeichnung: Propylparaben, Butylparaben, Methylparaben, Ethylparaben, Isobutylparaben, Isopropylparaben

Parabene besitzen eine antimikrobielle und fungizide Wirkung und werden deswegen gerne als Konservierungsstoff in konventioneller Kosmetik eingesetzt. Parabene können sich jedoch im Körper anreichern, was problematisch ist, weil vermutet wird, dass dieser Inhaltsstoff hormonell wirksam ist und die Entstehung von Krebs begünstigt.

Phthalate

INCI-Bezeichnung: Diethyl Phthalate, Diethylhexyl Phthalate, Di-n-Butylphthalat (DBP)

Damit die Hautcreme auch wirklich eine cremige Konsistenz bekommt, werden in konventioneller Kosmetik Weichmacher, wie Phthalate, eingesetzt. Dadurch aber, dass dieser Inhaltsstoff wasser- und fettlöslich ist, kann er von der Haut aufgenommen werden und zum Beispiel dafür sorgen, dass die Bauchspeicheldrüse aus der Balance gebracht wird oder die Entstehung von Fettleibigkeit und Diabetes unterstützt wird. Darüber hinaus wird vermutet, dass Phtalate eine starke hormonelle Wirkung auf Männer und deren Fruchtbarkeit haben.

Weichmacher

INCI-Bezeichnung: Propylene Glycol, 1,2-Propanediol, 1,2-Dihydroxypropane, Methyl Ethyl Glycol (MEG), Methylethylene Glycol

Weichmacher werden in konventioneller Kosmetik und medizinischen Salben verwendet und wirken als eine Art Feuchthaltemittel. Somit bleibt die Creme geschmeidig und ist eine lange Zeit haltbar. Eben diese Weichmacher können jedoch allergische Reaktionen und Hautreizungen hervorrufen und die Nieren und die Leber schädigen.

Emulgatoren

INCI-Bezeichnung: PEG, PPG, Ceteareth-8, Polyethylenglykol

Sobald eine Crème aus Wasser und Öl besteht, muss ein Emulgator eingesetzt werden, damit beide Komponenten sich miteinander verbinden und eine cremige Konsistenz entsteht. Die konventionelle Kosmetik arbeitet dabei oftmals mit PEGs, welche nicht nur die Komponenten des jeweiligen Produkts miteinander verbinden, sondern auch dafür sorgen, dass die Barrierefunktion der Haut gestört wird. Somit gelangen Schadstoffe und Gifte aus der Umwelt leichter in die Haut.

Silikone

INCI-Bezeichnung: Dimethicone, Trimethicone, Methicone, Amodimethicone, Polysiloxane

Silikone werden dafür verwendet, dass das jeweilige Produkt sich leichter auftragen und verteilen lässt. Darüber hinaus sorgen sie für ein weiches Gefühl der Haut und Haare und täuscht einen Effekt der Pflege vor. Tatsächlich handelt es sich bei Silikonen aber um flüssige Kunststoffe aus dem Chemielabor, die sich eng, wie eine Schicht, um jedes einzelne Haar legen. So können Nährstoffe nicht mehr aufgenommen werden und Haut wie auch Haare trocknen aus. Wer zum Beispiel Silikon-Shampoos benutzt, bekommt schnell Probleme beim Haare-Färben, denn die Haare können die Farbe durch die Silikon-Barriere nur erschwert aufnehmen.

Tenside

Sodium-Lauryl-Sulfat, Sodium-Laureth-Sulfat, Ammonium-Lauryl-Sulfat, Sodium-Myreth-Sulfat

Jedes Shampoo, jedes Duschgel und jede Seife, die gut schäumen sollen, benötigen Tenside. Hierbei handelt es sich in der konventionellen Kosmetik um aggressive Waschsubstanzen und Schaumbildner, die sich für Menschen mit empfindlicher Haut nicht gut eignen. Der Grund ist, dass chemische Tenside die Haut und die Schleimhäute reizen und austrocknen können.

Eine Rückkehr zur Natürlichkeit

Wie genau sieht es nun mit der Naturkosmetik aus? Inzwischen lassen sich mehr und mehr Produkte aus der Naturkosmetik neben den konventionellen Kosmetikprodukten im Supermarkt- oder Drogerieregal finden. Tatsächlich sind in echter Naturkosmetik nur Inhaltsstoffe erlaubt, die in den Naturkreislauf zurückgeführt werden können und die die Umwelt nicht lange belasten. Das bedeutet gleichzeitig, dass hier keine Chemie vorzufinden ist und keine Stoffe, die unser Körper nicht ohnehin schon kennt, weil sie natürlichen Ursprungs sind. Wer sich nun dieses Kapitel bis hierhin aufmerksam durchgelesen hat, der wird sich vielleicht fragen, wieso konventionelle Kosmetik überhaupt noch erlaubt und so stark gefragt ist. Wer möchte schon gerne seine Bauchspeicheldrüse schädigen oder ein erhöhtes Krebsrisiko haben, nur, weil es unbedingt diese eine – teure – Creme sein muss? Der Grund, wieso Naturkosmetik noch nicht überall das Rennen gemacht hat und nur langsam in die Gänge zu kommen scheint, sind wahrscheinlich die „Nachteile" von Naturkosmetik. Mit solchen Nachteilen ist überwiegend die Nutzerfreundlichkeit gemeint. Das bedeutet, dass naturkosmetische Deos eventuell ein zweites Mal pro Tag aufgetragen werden müssen oder dass das Shampoo des Naturkosmetikherstellers nicht so angenehm schäumt, wie es bei konventionellen Shampoos in der Werbung der Fall ist. Auch die Haltbarkeit naturkosmetischer Produkte ist oftmals nicht annähernd so lang, wie die von konventioneller Kosmetik. Genau solche Dinge werden dir mit großer Wahrscheinlichkeit auch bei der Herstellung und dem Austesten deiner eigenen Naturkosmetik auffallen. Wie bereits gesagt wurde, setzt die Nutzung von Naturkosmetik, insbesondere die alltägliche Nutzung, eine gewisse Umstellung voraus. Solltest du jedoch schwächeln und dir das Bubble-Bath-Feeling in der Dusche wünschen, ist es ratsam, den Abschnitt zu den Tensiden und ihren Wirkungen auf den menschlichen Körper noch einmal durchzulesen oder zu entscheiden, was dir wichtiger ist: ein kurzes Gefühl von Luxus und geschmeidige (und dennoch trockene) Haare oder Kosmetik, die dir und der Natur guttut und dafür etwas weniger schäumt? Wir haben heutzutage unendlich viele Auswahlmöglichkeiten und müssen selbst entscheiden, was uns wichtig ist. Dieser Ratgeber möchte dir jedoch ans Herz legen, deinen Weg zur Natürlichkeit zu finden und Chemie und Plastik links liegen zu lassen!

Die Geschichte von Kosmetik – back to the Roots

Wer meint, Kosmetik sei eine Erfindung des 21. Jahrhunderts, der liegt gehörig daneben. Schon seit Menschengedenken ist es Frauen und Männern wichtig, gepflegt zu sein und ihr Äußeres im besten Licht zu präsentieren – wie sie das jedoch taten, unterschied sich maßgeblich zu der Kosmetik, die wir heutzutage kennen. Wir starten also eine kleine Zeitreise und nehmen die Kosmetik der Antike bis hin zum heutigen Zeitalter einmal genauer unter die Lupe.

Kosmetik in der Antike

Selbst vor mehr als 5000 Jahren vor Christus pflegten und schminkten sich die Menschen. So ist bekannt, dass insbesondere die Römer, die Ägypter und die Griechen sich im Umgang mit Kosmetika übten – vielleicht hast du nun direkt ein Bild der ägyptischen Königin Kleopatra vor Augen, denn sie galt als das Schönheitsideal schlechthin und prägte die Geschichte der Kosmetik enorm. Grundlegend wurden in der Antike natürliche Öle und wohlriechende Salben in die Haut einmassiert, um für eine gepflegte Erscheinung zu sorgen und sich mit guten Düften zu umgeben. Nicht nur das, auch Make-Up gab es bereits in der Antike. Zwar wurde das damalige Make-Up nicht unbedingt genutzt, um die Hautoberfläche zu verschönern, sondern vielmehr, um die Haut vor starken Sonnenstrahlen zu schützen, jedoch gelten Bleiglanzpulver, Zinnober und pulverisierter Malachit als die Vorreiter des Make-Ups, wie wir es heute kennen. Darüber hinaus kamen Lidschatten-Pulver und Lippenfarbe zum Einsatz. Sogar eine Art Mascara gab es in der Antike bereits: Modische Frauen nutzten Wimperntusche aus gebranntem Kork.

Kosmetik im Mittelalter

Das Mittelalter ist von einem vollkommen anderen Schönheitsideal geprägt, als wir es heute kennen. So galt es als schön, wenn eine Person ein sehr blasses, ovales Gesicht präsentierte. Die Blässe zeigte nämlich, dass die jeweilige Person einen hohen Stand hatte und nicht in der Sonne arbeiten musste. Damit die Gesichter noch ovaler wirkten, rasierte sich der modebewusste Mensch im Mittelalter sogar den Haaransatz – in unserem Zeitalter kaum vorzustellen. Da die Kirche im Mittelalter jedoch alles Körperliche als Sünde angesehen hat, wurde insbesondere die Hygiene vernachlässigt. Stattdessen kamen Duftstoffe und Parfüms in großer Menge zum Einsatz, um den unangenehmen Körpergeruch zu überdecken. Dadurch jedoch, dass weitestgehend auf Wasser und Seife verzichtet wurde, breiteten sich viele Krankheiten und Epidemien aus. Die Kosmetik, die im Mittelalter verwendet wurde, löste darüber hinaus oftmals Ausschläge und Rötungen aus, denn sie bestand in nicht wenigen Fällen aus giftigen Stoffen wie Bleiweiß.

Kosmetik in der Renaissance

Auch in der Renaissance waren die Menschen nicht wirklich sauberer oder gepflegter, denn auch in diesem Zeitalter galt das Waschen als krankmachend. Tatsächlich kam das Make-Up jedoch so langsam wieder in Mode, denn in Italien, Frankreich und England begannen die Menschen nach und nach wieder, sich mit Leidenschaft zu schminken. Während die Pflege des Körpers in der Renaissance noch keinen großen Stellenwert hatte, wurde die Haarpflege immer wichtiger. So war insbesondere die blonde Haarpracht sehr angesehen und es wurden aufwändige und kunstvolle Frisuren getragen. Das Gesicht der Menschen in der Renaissance blieb stattdessen leer, denn das damalige Schönheitsideal sah damals folgendermaßen aus: ungeschminkte Augen, schmale Lippen, dünne Augenbrauen und eine hohe, gewölbte Stirn.

Kosmetik im Barock und Rokoko

Die Zeit des Barocks ist bekannt für die Vielfalt an Perücken, die von Frauen und Männern getragen wurden. Dabei waren die Perücken stark parfümiert, um schlechte Gerüche zu überdecken. Während das Schminken in der Renaissance noch keinen hohen Stellenwert hatte, fingen Frauen im Barock an, insbesondere die Augen und die Augenbrauen zu betonen. Auch die Wangen wurden in einer rosigen Farbe und die Lippen auffallend und kräftig geschminkt. Sogar eine Art Puder gab es im Barock – so wurden das Gesicht und das Dekolleté mit Reismehl bestäubt, welches einen mattierenden Effekt hatte.

Im Rokoko ging der Wunsch nach einem perfekten Äußeren noch einen Schritt weiter. Menschen begannen, Narben, wie sie zum Beispiel von Pocken entstehen, mithilfe von Schönheitspflästerchen aus Seide, Samt oder Leder zu verdecken. Auch gab es die erste Hautcreme im Rokoko. Diese wurde aus der Kopfhöhle des Pottwals gewonnen und war aufgrund ihres Preises nur in der privilegierten Oberschicht vorzufinden. Die Frau Napoleons stiftete darüber hinaus den Trend wieder an, sich zu waschen, wodurch die Hygiene sich enorm verbesserte. Grundlegend war die Zeit des Barocks und Rokoko geprägt von riesigen, pompösen Frisuren und starkem Make-Up – all dies war jedoch überwiegend in der reichen und privilegierten Schicht der Bevölkerung vorzufinden.

Kosmetik in den 20er Jahren

Wer an die 20er Jahre denkt, der hat vielleicht die Verfilmung des Great Gatsby vor Augen und erinnert sich an glitzernde Kleidung, Stirnbänder mit Federn und Make-Up, welches auch heutzutage noch als schön angesehen wird. Tatsächlich galt die Kosmetik der 20er Jahre als sehr glamourös und Menschen setzten auf einen natürlichen Teint. Die Wangen wurden mit Vorliebe mit Rouge in Rosé-, Himbeer- oder Orange-Tönen geschminkt und auch die Augen wurden dunkel umrandet. Dabei galt der künstliche Look als in und die Lippen wurden herzförmig und dunkelrot geschminkt und die Wimpern stark schwarz getuscht. Die Augenbrauen wurden wieder in einer schmalen Form gezupft und die pompösen Frisuren des letzten Jahrhunderts wurden durch kurzlebige Trends, wie den Pagenkopf, ersetzt. Die Hautpflege und Düfte hatten dabei in den 20er Jahren immer noch einen hohen Stellenwert und auch die Mode entwickelte sich farbenfroh, mit Zweiteilern und Hemdhosen aus Spitze und Seide. Sogar die Fingernägel wurden in diesem Zeitalter mit Lack bearbeitet. Dabei wurde jedoch nicht der gesamte Nagel lackiert, sondern nur die Mitte dessen. Die Nagelspitze und der Halbmond blieben leer.

Kosmetik in den 30er Jahren

In den 30er Jahren galt insbesondere Marlene Dietrich als das Schönheitsideal für Frauen schlechthin. So war die Mode sehr ladylike und sollte gleichzeitig figurbetont und sexy sein. Auch die Frisuren wurden wieder aufwändiger und eleganter, genauso wie das Make-Up. Insbesondere die Augen galten als Schwerpunkt des Make-Ups in den 30er Jahren und sollten möglichst mysteriös und melancholisch wirken. Dafür wurden Lidschatten in Puderform in den verschiedensten Schattierungen verwendet. Auch Wimperntusche gab es in dieser Zeit bereits in flüssiger Form, in schwarzen, blauen oder auch grünen Farbtönen, es wurde jedoch hauptsächlich die schwarze Mascara verwendet. Selbst falsche Wimpern kamen zum Einsatz und der Lidstrich wurde zum Trend.

Kosmetik in den 40er Jahren

Die 40er Jahre waren von einem deutlich natürlicheren Look geprägt, welcher die US-amerikanische Schauspielerin Rita Hayworth als Schönheitsideal nahm. Grund dafür war auch, dass in dieser Zeit an Make-Up kaum zu kommen war. Weil Frauen sich für ihre Männer auf Heimaturlaub dennoch schick machen wollten, wurden die Lippen mit matten Rottönen versehen und die Augenbrauen fein gezupft und ordentlich gestriegelt. Dabei war ein übermäßiges Rasieren oder zu starkes Zupfen überhaupt nicht im Trend – es wurde großer Wert auf eine schöne Natürlichkeit gelegt, die sich auch in einem ebenmäßigen Teint widerspiegeln sollte. So wurden die Augen in der Regel nicht geschminkt und bekamen maximal für das Ausgehen am Abend eine Umrandung mit dunklem Eyeliner. Auch die Frisuren wurden wieder praktischer und Frauen trugen ihre Haare wieder lang und meistens hochgesteckt. Der Gang zum Friseur viel oftmals aus finanziellen Gründen aus, weswegen selbst Hand angelegt wurde oder Kopftücher Turban-artig um Kopf und Haare gewickelt wurden. Auch Hüte kamen in die Mode, denn sie waren der einzige Teil der Mode, welcher nicht rationiert wurde.

Kosmetik in den 50er Jahren

Die 50er Jahre gelten als die Zeit der Schönheitssalons, denn diese kamen damals so richtig in Mode. Die Schönheitsideale der 50er Jahre kennen wir dabei noch heute: Marylin Monroe, Audrey Hepburn oder Grace Kelly. Der knallrote Schmollmund und der Schönheitsfleck auf der Wange sowie der helle Teint und große Augen waren absolut im Trend und die Kosmetikindustrie brachte immer mehr Produkte heraus, damit Frauen diesem Trend gerecht werden konnten. Wer in den 50er Jahren das Haus verließ, war dabei immer sauber, ordentlich und trug gebügelte Kleidung und gewaschene Haare. Das Gesicht der Männer war in der Öffentlichkeit immer rasiert und jenes der Frauen immer geschminkt und zurechtgemacht.

Kosmetik in den 60er Jahren

In den 60er Jahren war insbesondere das Make-Up auffällig und extrem. So wurde die Lid-Falte mit schwarzem Eyeliner betont, welcher in einem starken Kontrast zu den Lidschatten stand, welche hellblau, weiß oder silbrig-glänzend waren. Auch waren mehrere Lagen Mascara oder künstliche Wimpern im Trend. Als alltagstauglich galten damals sogar aufgemalte oder geklebte Augenbrauen und Blütenblätter, die ebenfalls ins Gesicht gemalt oder geklebt wurden.

Auch in der Hautpflege tut sich in den 60er Jahren einiges. So wurden Cremes dafür eingesetzt, die Haut zu schützen und rückzufetten. Sogar Wirkstoffe wie Vitamin A kamen schon in Cremes und Lotionen zum Einsatz, konnten aufgrund ihrer Größe jedoch noch nicht von der Haut aufgenommen werden. In den 60er Jahren begann darüber hinaus der Trend der Faltenbekämpfung und es wurden Cremes mit Kollagen aus Kalbs- und Schweinehäuten sowie mit Hyaluronsäure aus Hahnenkämmen, welche die Feuchtigkeit binden sollten, hergestellt und verwendet.

Kosmetik in den 70er Jahren

Die 70er Jahre zeigten eine Entwicklung, weg von dem hellen, blassen Teint und hin zur sonnengebräunten Haut. Die emanzipierte Frau galt als sportlich aktiv und präsentierte ein frisches und gesundes Äußeres. Als Schönheitsideal der 70er Jahre galten zum Beispiel die Sängerinnen der Gruppe ABBA. Somit lagen der Selbstbräuner, das Bronzing Powder und das Sonnenbaden voll im Trend – von den Spätfolgen zu starker Sonnenstrahlung wussten die Menschen damals noch nichts und der höchste Lichtschutzfaktor auf dem Markt lag bei Faktor Sechs. Die Aloe Vera-Pflanze wurde jedoch als gutes Mittel gegen verbrannte Haut entdeckt und als antientzündlicher und feuchtigkeitsspendender Kosmetikstoff in den 70ern eingesetzt.

Wer in den 70er Jahren abends in die Disco ging, der trug eine Menge Glitzer auf – wir erinnern uns an den Film Saturday Night Fever, der die damalige Mode gut repräsentierte. Die Lippen durften dabei glänzen und die Augen wurden mit Lidschatten in metallischen Farben, anstatt eines Eyeliner-Striches, betont.

Kosmetik in den 80er Jahren

Die 80er Jahre beeindrucken mit dem wohl schrillsten Look des letzten Jahrhunderts. So gilt der Popstar Madonna als eine wahre Stilikone dieser Zeit. Insbesondere das Make-Up war auffälliger denn je – so schimmerten die Augenlider in metallischen und Neon-Farben, gerne auch in mehreren Farbtönen auf einmal. Auch der Lidstrich und eine gute Menge Mascara durften nicht fehlen, genauso wie das Rouge und der Lippenstift. Darüber hinaus rückten Anti-Aging-Kosmetikprodukte in den 80er Jahren in den Mittelpunkt und es gab viele neue Entdeckungen in der Kosmetikindustrie. So gelang es Forschern endlich, Wirkstoffe durch die obere Hornhautschicht in die tieferliegenden Schichten der Haut zu schleusen, unter anderem gelang dies mit Liposomen, winzigen Kügelchen. Die Haare wurden dabei mit Glätteisen, Lockenstab und Kreppeisen bearbeitet und mit einer guten Portion Haarspray in Form gehalten.

Kosmetik in den 90er Jahren

Je nachdem, wie alt du bist, kannst du dich vielleicht noch selbst an das Schönheitsideal der 90er Jahre erinnern. Damals waren Brauntöne wieder im Trend und Rouge, die Lippen und die Augen wurden mit natürlichen Farbtönen geschminkt. Insbesondere die Lippenumrandung mit einem Konturenstift war damals ein absoluter Trend und gilt heutzutage als wahre Fashion-Sünde. Als Wunderwaffe gegen Falten galten in den 90er Jahren Fruchtsäuren, die in Cremes eingesetzt wurden. Dieser Trend hielt jedoch nicht lange an, denn schnell wurde bekannt, dass Nebenwirkungen wie Lichtempfindlichkeit und Hautreizungen von den Säuren hervorgerufen wurden. Erst gegen Ende der 90er Jahre begannen Forscher, sich auf die Hautalterung zu konzentrieren und Messmethoden zu verfeinern. Es wurde auch erst in dieser Zeit damit begonnen, die eingesetzten Wirkstoffe zu erforschen.

Kosmetik in der heutigen Zeit

Die Trends in der heutigen Kosmetik spiegeln immer wieder Ideen und Trends der vergangenen Jahrhunderte wider – vielleicht kamen dir deswegen einige Schönheitsideale der letzten Jahrhunderte verdächtig bekannt vor. Tatsächlich lassen sich in der heutigen Zeit unendlich viele neue Trends und Ideale finden, die ständig weiterentwickelt werden und durch Beauty-Blogger und Werbung für Nachahmer sorgen. Dabei lässt sich inzwischen kaum noch ein einheitlicher Trend erkennen und generell sind Make-Up-Trends von kurzer Lebigkeit. So war es eine Zeit lang absolut in, das gesamte Gesicht mit Make-Up zu versehen und Schatten und Konturen künstlich herzustellen oder zu betonen. Auch das Überschminken der Lippen, über die Ränder hinaus, galt lange Zeit als Trend. Kosmetik im 21. Jahrhundert soll größer, schöner und auffälliger sein. Gleichzeitig ist jedoch auch ein Trend zurück zur Natürlichkeit zu erkennen – sogar berühmte Persönlichkeiten laufen wieder vollkommen ungeschminkt über den roten Teppich.

Auch in der Kosmetikindustrie an sich ist ein Umschwung zu erkennen. So kann inzwischen zum Beispiel die Hyaluronsäure künstlich hergestellt werden und es wird Wert daraufgelegt, Kosmetik ohne tierische Inhaltsstoffe herzustellen. Kosmetik soll immer veganer, organischer und biologischer werden und individuell für die unterschiedlichen Hauttypen angepasst werden. Heutzutage ist es möglich, die Festigkeit, Spannkraft und Trockenheit der Haut zu analysieren und genau die passenden Wirkstoffe zu verwenden.

Die Menschheit wollte also schon immer schön und gepflegt sein – auch, wenn die Schönheitsideale und Pflegeprodukte für uns heutzutage nicht unbedingt nachvollziehbar sind. Dabei konnten wir beobachten, wie immer mehr giftige und ungesunde Stoffe dazu verwendet wurden, den Menschen hübscher und attraktiver zu machen – ohne Rücksicht auf Verluste. Dieser Trend hat insbesondere in den letzten Jahren wieder stark abgenommen. Heutzutage ist es uns wichtig, mit welchen Inhaltsstoffen wir uns eincremen und ob unser Make-Up künstliche oder gar giftige Stoffe beinhaltet. Wie wir rückblickend jedoch auch erkennen können, gab es schon Kosmetik, ohne dass Chemie eingesetzt wurde. Die frühe Kosmetik und das Ur-Make-Up waren somit nichts anderes als Naturkosmetik. Heutzutage profitieren wir von einem riesigen Wissen über Inhaltsstoffe und ihre Wirkungen und haben somit das Potential, unsere Kosmetik auf natürliche Art und Weise einfach selbst herzustellen und auf diesem Weg einen gesunden und nachhaltigen Lebensstil zu pflegen. In gewisser Weise bedeutet Naturkosmetik also: Back to the Roots – mit einigen zusätzlichen Vorteilen, die wir durch die Kosmetik-Pioniere und die Forschung der vergangenen Jahrzehnte erlangen durften.

Naturkosmetik – frei von Tierversuchen

Naturkosmetik, dazu noch selbstgemachte Kosmetik, zu nutzen, hat mehr Vorteile als den Umweltschutz und den Schutz des eigenen Körpers vor giftigen oder ungesunden Stoffen. Wer sein Shampoo, sein Duschgel oder seine Seife selbst mit pflanzlichen Stoffen herstellt, der muss sich nämlich um Eines keine Sorgen machen: Um tierische Inhaltsstoffe und Tierversuche. Wie du in dem vorigen Kapitel zur Geschichte der Kosmetik vielleicht schon erkannt hast, baut ein Großteil unserer Kosmetik auf tierischen Inhaltsstoffen auf. Damals wurden zum Beispiel die ersten Hautcremes aus dem Walrat, einer fett- und wachshaltigen Substanz aus der Kopfhöhle von Pottwalen, hergestellt. Auch der rote Farbstoff Karmin für die Herstellung von Lippenstiften hat einen tierischen Ursprung: Er wurde, und wird auch heute noch, aus Läuseblut hergestellt – gruselig, oder? Grundlegend verzehren wir Tiere und tierische Produkte nicht nur in unserer Ernährung, es sei denn, wir leben vegetarisch oder vegan, sondern nutzen auch in unserer alltäglichen Haar- und Körperpflege Substanzen, die von Tieren stammen. So lassen sich teilweise auch noch in den Kosmetikprodukten von heute Inhaltsstoffe wiederfinden, die einen tierischen Ursprung haben:

- Fette aus Schlachtabfällen werden für die Herstellung von billigen Salben oder Seifen verwendet.
- Shampoos können tierliche Aminosäuren beinhalten.
- Castoreum, welches aus den Genitalien von Bibern und Bisamratten gewonnen wird, wird für die Herstellung von Parfüm und Räucherstäbchen verwendet.
- Chitosan wird aus der Schale von Krebstieren gewonnen und für uns Menschen als Mund-, Haar- oder Hautpflege eingesetzt.
- Seidenpulver wird aus den Kokons der Seidenraupen hergestellt.
- Echter Moschus ist ursprünglich die Sekretion der Genitalien von Tieren, wie Moschusochsen, Bibern, Ottern oder Wildkatzen.
- Vitaminbeigaben wie Vitamin A, B, D, H sowie Calcium haben ebenfalls häufig einen tierischen Ursprung

- Lanolin (Wollfett oder Wollwachs) stammt aus den Talgdrüsen von Schafen.

Dies ist nur ein kleiner Ausschnitt der Inhaltsstoffe unserer Kosmetik, die einen tierischen Ursprung haben und für die Tiere ausgenutzt, verstümmelt oder gar getötet werden. Dabei ist es uns heutzutage möglich, so gut wie jede Substanz auf synthetische Art und Weise herzustellen oder eine pflanzliche Alternative zu verwenden. Der Umschwung, weg von tierischen Inhaltsstoffen und hin zu pflanzlichen Alternativen, geschieht dabei nur langsam, findet jedoch statt. Du kannst zum Beispiel immer mehr Siegel in den Drogeriemärkten erkennen, die darauf hinweisen, dass das jeweilige Produkt vegan, also rein pflanzlich, und am besten noch Bio ist. Achte beim nächsten Einkauf am besten einmal darauf, ob du die Kontrollsiegel für Naturkosmetik (die Veganblume, das BDIH-Siegel, das Natrue-Siegel oder das Ecocert-Siegel, um nur einige zu nennen) auf einigen Produkten erkennen kannst und beobachte, wie viele Kosmetika noch nicht mit einem solchen Siegel versehen sind und somit Inhaltsstoffe tierischen Ursprungs, auf Erdölbasis oder mit synthetischen Farb- oder Duftstoffen beinhalten.

Solche Siegel auf den Kosmetikprodukten zeigen dir darüber hinaus auch an, ob das jeweilige Produkt mithilfe von Tierversuchen hergestellt wurde. Grundlegend sind Tierversuche für die Herstellung von Schönheitspflege-Produkten in Europa inzwischen glücklicherweise verboten. Dieses Verbot hat jedoch einige Lücken und Schlupflöcher, die von den Herstellern von Kosmetika ausgenutzt werden können. So kann es zum Beispiel vorkommen, dass Kosmetikmarken, die in China registriert sind, nicht tierversuchsfrei sind, obwohl die Produkte hier in Europa verkauft werden. Der Grund dafür ist, dass die chinesischen Behörden für die Registrierung der jeweiligen Produkte den Versuch an Tieren anordnen können. Auch kann es vorkommen, dass ein bestimmter Wirkstoff nicht nur für die Herstellung von Kosmetikprodukten, sondern zum Beispiel auch für den medizinischen Einsatz verwendet werden kann. In solch einem Fall wäre es wiederum laut Gesetz erlaubt, den Wirkstoff an Tieren zu testen. Tatsächlich werden insgesamt nur zehn Prozent der Substanzen ausschließlich für die Produktion von Kosmetika verwendet. Die restlichen 90% der Substanzen haben neben der Kosmetik noch andere Anwendungsbereiche und dürften demnach an Tieren getestet werden. Auch, wenn die Gesetzeslage in Europa inzwischen sehr gut für das Tierrecht ist, kann es also immer noch vorkommen, dass Tiere in Käfigen gehalten und für das Ausprobieren bestimmter Wirkstoffe ausgenutzt werden. Auch hier gibt es aber Siegel, die dir bei der Wahl der richtigen Produkte helfen können. So zeigt dir das „Leaping-Bunny-Siegel" auf Produktverpackungen nicht nur, dass das jeweilige Produkt frei von Tierversuchen ist, sondern auch, dass jene Produkte nicht in China vertrieben werden und dementsprechend auch dort, im Zusammenhang mit dieser Marke oder Produktreihe, keine Tierversuche durchgeführt werden. Auch die PETA-Positivliste, welche du im Internet findest, zeigt dir, welche Marken ohne den Versuch an Tieren arbeiten und produzieren.

Das Handwerkszeug der Naturkosmetik

In diesem Kapitel geht es endlich ans Eingemachte und du lernst, wie und mit welchen Hilfsmitteln du deine eigene, ganz natürliche Kosmetik herstellen kannst. Dabei gibt es einige Dinge zu beachten, denn die Herstellung von Kosmetik hängt mit einer sauberen, hygienischen und genauen Arbeitsweise zusammen. Mit etwas Übung und Wissen jedoch wird es dir ein Leichtes sein, Cremes, Deos oder auch Zahnpasta selbst herzustellen und damit auf lange Sicht deinen Körper und die Umwelt zu schützen und den Verbrauch von Plastik zu vermeiden.

Die Grundzutaten der Naturkosmetik

Die Herstellungsmöglichkeiten von Naturkosmetik sind sehr vielfältig und dir werden in den nächsten Seiten bestimmt mehrere Anweisungen und Rezepte begegnen, die schnell zu deinen Lieblingsrezepten werden. Jedes Zusammenrühren und Herstellen von natürlicher Kosmetik basieren jedoch auf einigen Grundzutaten, die in diesem Abschnitt genauer beschrieben und erläutert werden.

Grundzutat: Pflanzenöle

Pflanzenöle gelten als die Grundzutat für Naturkosmetik schlechthin, denn in fast jedem Anwendungsbereich von natürlicher Kosmetik kommen sie zum Einsatz. Dabei ist es wichtig, auf naturbelassene Öle zu setzen. Hierzu zählen unter anderem:

- das Olivenöl, das Kokosöl, die Shea- oder Kakaobutter, das Mandelöl (diesen Ölen werden pflegende und feuchtigkeitsspendende Eigenschaften nachgesagt)

- das Avocadoöl (Dieses Pflanzenöl gilt als feuchtigkeitsspendend und strafft das Bindegewebe)
- das Distelöl (Dieses Öl bietet dem Körper eine Unterstützung bei der Herstellung von Hormonen und fettet, im Gegensatz zu anderen Pflanzenölen, verhältnismäßig wenig)

Grundzutat: ätherische Öle

Wer sich das Gesicht eincremt, die Haare wäscht oder Deodorant benutzt, möchte natürlich auch, dass diese Produkte gut riechen und dem Träger einen angenehmen Duft verleihen. Ätherische Öle besitzen einen intensiven und wohltuenden Duft und haben dadurch harmonisierende und beruhigende Eigenschaften. So helfen sie nicht nur, deine Naturkosmetik gut duften zu lassen, sie können sogar eine Wirkung auf unser Wohlbefinden haben und Beschwerden lindern:

- *Bergamotten-Öl:* Dieses ätherische Öl präsentiert einen frischen Duft und soll dir zu mehr Entspannung verhelfen.
- *Zitronen-Öl:* Auch der Duft von Zitrone wird als sehr frisch wahrgenommen und macht den Träger munter.
- *Eukalyptus-Öl:* Der Duft von Eukalyptus hat eine belebende und motivierende Wirkung, darüber hinaus soll es die Konzentration steigern.
- *Lavendelöl:* Lavendelöl hat eine vielfältige Anwendung. Es wirkt unter anderem beruhigend und steuert Nervosität oder Aufregung entgegen. Es kann sogar beim Einschlafen helfen und Stress mindern.
- *Pfefferminzöl:* Der Duft von Pfefferminze soll zu einem klaren Kopf verhelfen und die Konzentration erhöhen. Auch bei Kopfschmerzen soll dieser Duft helfen.
- *Rosenöl:* Das Öl der Rosenblüten hat eine harmonisierende Wirkung auf den Menschen und eignet sich überaus gut für empfindliche und gereizte Haut.
- *Rosmarin-Öl:* Die Essenz von Rosmarin präsentiert einen würzig-frischen Duft, der eine stimulierende Wirkung auf den Träger hat. Rosmarin hat eine traditionelle Verwendung für

die Präparation von Muskeln und Gelenken, da es eine durchblutungsfördernde Wirkung aufweist.

- *Sandelholz-Öl:* Sandelholz kennen wir in der Regel aus dem Bereich der Parfüms, denn dort ist dieser süßliche, archetypische Duft stark gefragt. Sandelholz gilt darüber hinaus aber auch als traditionelles Heilmittel in der Ayurveda-Kur, denn es soll eine harmonisierende und beruhigende Wirkung auf die Psyche und die Emotionen von uns Menschen haben.
- *Teebaum-Öl:* Dieses Öl ist uns meistens gut bekannt, da es gerade in den Teenie-Jahren als Pickel-Bekämpfung zum Einsatz kommt. Dieses Öl hat nämlich nicht nur einen krautigen, intensiven Duft, es besitzt auch antientzündliche Eigenschaften und unterstützt die Hautpflege, insbesondere bei Hautunreinheiten, sehr gut.
- *Vanille-Öl:* Der süße und liebliche Geruch von Vanille ist uns wahrscheinlich allen bekannt. Wer den Duft von Vanille riecht, der hat oftmals gute Laune und verspürt ein Gefühl der Geborgenheit und des Glücks.
- *Zimtrinden-Öl:* Zimt kennen wir in der Regel eher als Gewürz für die Kekse in der Weihnachtszeit. In der indischen und arabischen Küche wird dieses Gewürz jedoch in vielen Gerichten und Tees eingesetzt. Das Öl der Zimtrinde hat einen warmen und süßen Duft, der durchwärmend wirkt und unsere Sinne aktiviert.

Bienenwachs

Dieses Wachs, welches aus dem Bienennest gewonnen wird, wird nicht selten in Kosmetikprodukten und in der Naturkosmetik verwendet. Der Grund dafür ist, dass das Wachs bei der Herstellung von Cremes und Co. für eine gute Konsistenz sorgt und einen hohen Fettanteil aufweist, welcher Linderung bei trockener Haut schafft. Darüber hinaus hilft Bienenwachs auch, die anderen Grundzutaten wie Wasser und Fett miteinander zu vermengen – und das auf natürliche Weise und ohne den Einsatz von Emulgatoren. Bienenwachs hat einen weiteren Vorteil für die Verwendung für die Herstellung von Naturkosmetik: Es erhöht den Schmelzpunkt der gesamten, vermengten Zutaten, wodurch das Endprodukt seine Konsistenz nicht schon bei niedrigen Temperaturen verändert.

Aloe Vera

Über Aloe Vera durftest du schon in der Geschichte der Kosmetik über die Jahrhunderte ein kleines bisschen lesen. Die Pflanze gilt als die beste Zutat für Kosmetik schlechthin. Dabei beinhalten die einzelnen, langen Blätter ein Gel, welches eine Menge Feuchtigkeit speichert und zahlreiche pflegende Inhaltsstoffe aufweist, die sich positiv auf Haut und Haare auswirken und sie mit Vitaminen und Feuchtigkeit versorgen. Es lohnt sich deswegen auch, die pflegeleichte Pflanze in dem eigenen Zuhause zu halten. Solltest du dich beispielsweise verbrannt haben oder unter einem Sonnenbrand leiden, kannst du ganz einfach ein Stück der Pflanze abschneiden und halbieren und die kühlende und zellerneuende Wirkung des Gels im Inneren der Blätter auf der Haut spüren. Aloe Vera kannst du übrigens sogar konsumieren. So entwickelt die Pflanze ihre gesunde Wirkung auch in Verbindung mit einem Smoothie.

Tonerde

Tonerde wird auch Heil- oder Vulkanerde genannt und besteht aus mineralhaltigen Gesteinspartikeln. Diese Erde hat eine entzündungshemmende und antibakterielle Wirkung und eignet sich dadurch unter anderem für den Einsatz als Gesichtsmaske, weil die Erde Hautunreinheiten an sich bindet. Darüber hinaus gibt es eine Vielzahl an Anwendungsbereichen für Tonerde: Sie kommt in der Zahnpasta und im Shampoo zum Einsatz und kann sogar in Kapselform eingenommen werden und unterstützt auf diese Weise die Haut-, Haar- und Nagelproduktion. Dabei gibt es verschiedene Arten von Tonerde:

- *Weiße Tonerde* gilt als besonders feine Erde, die sich sanft anwenden lässt und sich deswegen sehr gut für sensible Haut eignet.
- *Grüne Tonerde* wirkt entgiftend und eignet sich deswegen besonders gut für fettige oder Mischhaut.
- *Rote Heilerde* hat einen höheren Anteil an Eisen und unterstützt dadurch gestresste und müde Haut mit ihrer heilenden Wirkung.

- *Rosa Heilerde* hat eine milde und straffende Wirkung und eignet sich deswegen sehr gut für unreine und empfindliche Haut.
- *Gelbe Tonerde* gilt als die universale Tonerde, denn sie kann bei jedem Hauttyp verwendet werden.

Natron

Natron hat sein Einsatzgebiet nicht nur in der Küche, sondern auch im Badezimmer! So besitzt Natron einen basischen pH-Wert, wodurch es Säuren binden und schlechte Gerüche neutralisieren kann. Auch besitzt es antibakterielle Eigenschaften und beugt der Entstehung von Pilzen vor. Darüber hinaus ist Natron für wenig Geld zu erwerben und hat seinen Platz allein schon dadurch in der Kosmetik, insbesondere in der Naturkosmetik, gefunden – es kommt unter anderem für die Herstellung von Zahnpasta oder Deodorants zum Einsatz.

Natürlich gibt es neben diesen Grundzutaten noch viele weitere Zutaten, die du in Kürze kennenlernen wirst. Hierbei handelt es sich jedoch um die wichtigsten Hauptzutaten für die Herstellung deiner ganz eigenen natürlichen Kosmetik. Wie du vielleicht schon bemerkt hast, sind all diese Produkte und Grundzutaten nicht sehr teuer im Einkauf und haben (fast) keinen tierischen Ursprung. Das einzige Produkt unter den Grundzutaten, welches einen tierischen Ursprung besitzt, ist der Bienenwachs. Hier musst du jedoch kein schlechtes Gewissen bei der Verwendung haben. Bienenwachs entsteht, indem der Imker den Bienen eine Vorrichtung mit vorgeprägten (Bienenwachs-)Waben in den Bienenstock hängt. Diese Vorrichtung füllen die Bienen nach und nach mit noch mehr Wachs, welcher bei der Ernte geschmolzen und entfernt wird. Im Anschluss erhalten die Bienen wieder eine neue vorgeprägte Wachswabe, die sie befüllen können. Das Austauschen des Wachses ist dabei gut für die Bienen, denn in den Waben finden sich Kot, Puppenhüllen und auch Krankheitserreger. Somit ist die Nutzung des Bienenwachses und der damit einhergehende Austausch und das Leeren der Waben eine Win-win-Situation für Mensch und Biene.

Das Werkzeug für die Herstellung von Naturkosmetik

Naturkosmetische Shampoos, Seifen oder Deos lassen sich natürlich nicht einfach in der Küchenspüle zusammenzaubern, sondern benötigen Mischbehältnisse, Rührutensilien und andere Hilfsmittel für die Herstellung. Insbesondere die Hygiene ist hierfür eine wichtige Voraussetzung, denn ohne den Einsatz von künstlichen Konservierungsmitteln ist ein sauberes Arbeiten überaus wichtig. Achte bei den Utensilien für die Herstellung deiner eigenen Naturkosmetik also darauf, dass diese sich nach der Herstellung leicht reinigen und desinfizieren lassen.

Die Mischbehältnisse

Mit Mischbehältnissen sind die Gläser und Becher gemeint, in denen du die Inhaltsstoffe für deine Kosmetik miteinander vermengst. Dabei eignet sich Plastik nicht sehr gut, denn durch die Verwendung von Rührutensilien können Kratzer in dem Material entstehen, in denen sich Keime und Schmutz sammeln, welche sich nicht immer zu 100% entfernen lassen. Der Einsatz von Glas bietet hier mehrere Vorteile: Es lässt sich sehr gut reinigen und zerkratzt kaum bis gar nicht. Darüber hinaus eignet sich das durchsichtige Glas sehr gut für eine gewissenhafte Zusammenstellung aller Inhaltsstoffe. Achte darauf, dass deine Mischbehältnisse ausreichend groß sind, 150 ml bis 250 ml Inhalt sollten sie also auf jeden Fall fassen. Im Idealfall sollten sie auch nicht überlaufen, wenn du die Zutaten miteinander vermengst.

Wenn du Öle für das Vermengen mit anderen Inhaltsstoffen vermengen musst, bietet es sich übrigens an, hitzebeständiges Glas zu nutzen, welches du direkt auf die Herdplatte stellen kannst. Alternativ lassen sich Inhaltsstoffe auch sehr gut in einem Glas, welches in ein heißes Wasserbad platziert wird, erhitzen. Verwende für das direkte Erhitzen auf der Herdplatte jedoch kein normales Glas, da dieses springen und so ein Verletzungsrisiko für dich darstellen könnte.

Die Rührutensilien

Damit die Inhaltsstoffe auch gründlich miteinander vermengt werden können, benötigst du natürlich auch Utensilien zum Umrühren. Hier eignen sich Stäbchen aus Glas oder Metall besonders gut, denn das Material lässt sich leicht reinigen und desinfizieren. Grundlegend eignet sich jedoch schon ein ganz gewöhnlicher Teelöffel, den du vorher reinigst. Solltest du größere Mengen miteinander verrühren wollen, kannst du übrigens auch deinen Mixer zur Hand nehmen. Reinige diesen vorher natürlich gründlich und desinfiziere die Mixstäbe im Idealfall.

Abmessungsutensilien

Auch das genaue Abmessen deiner Inhaltsstoffe ist wichtig für die Produktion deiner eigenen Naturkosmetik. So bietet sich die Verwendung der sogenannten Uhrglasschalen an. Hierbei handelt es sich um kleine Schälchen, in die du die einzelnen Substanzen abgemessen oder abgewogen füllst und so verhinderst, dass dir eine Fehlmessung oder Unfälle passieren, die die schlussendliche Mischung in deinem Becherglas unbrauchbar machen könnten. Kleine Pülverchen und viskose Rohstoffe lassen sich darüber hinaus sehr gut mit kleinen Metallspateln dosieren.

Dadurch, dass du mit deiner Naturkosmetik in der Regel nur für den Eigenbedarf oder für Freunde oder Verwandte herstellst und dementsprechend wahrscheinlich nicht in die Großproduktion gehen wirst, wirst du nur geringe Mengen an Inhaltsstoffen verwenden müssen. Diese geringen Mengen müssen besonders genau abgemessen werden, weswegen sich hier der Einsatz einer Feinwaage anbietet. Diese ist von der normalen Küchenwaage zu unterscheiden, da eine Feinwaage viel genauer wiegen kann und dir exakte Ergebnisse liefert. Alternativ können dir auch Messlöffel helfen, die 1 ml oder 2,5 ml fassen. Dadurch jedoch, dass hier Unterschiede bei der Verarbeitung der Messlöffel sowie bei den Konsistenzen der Inhaltsstoffe für Fehler bei der Zusammenstellung sorgen können, eignet sich eine Feinwaage (welche es schon für einen kleinen Preis zu kaufen gibt) deutlich besser für die Herstellung deiner Naturkosmetik und stellt eine sinnvolle und nachhaltige Investition dar.

Ein weiteres Abmessungsutensil ist das Thermometer. Einige Inhaltsstoffe müssen für die Emulsion mit anderen Stoffen erwärmt werden, dürfen jedoch einen bestimmten Temperaturpunkt nicht übersteigen. Für solche Fälle ist es ratsam, ein Thermometer zur Hand zu haben. Hier gibt es ganz einfache und günstige Thermometer für die Küche, die dir die Temperatur auf einer Skala oder digital anzeigen. Solche Thermometer benötigst du nicht für jedes Rezept, jedoch ist es für jene Rezepte, bei denen du auf die Temperatur achten musst, unabdingbar.

Indikatorstäbchen

PH-Indikatorstäbchen werden bei der Produktion von Naturkosmetik verwendet, um den pH-Wert des jeweiligen Produkts zu bestimmen. Der Grund, wieso der Einsatz von Indikatorstäbchen sinnvoll ist, ist, dass einige Konservierungsmittel, welche zum Einsatz kommen können, einen bestimmten pH-Wert behalten müssen, um ihre Wirkung voll entfalten und deine Kosmetik haltbar machen zu können. Solche pH-Indikatorstäbchen erhältst du in der Regel in Apotheken, in gut sortierten Drogeriemärkten oder online.

Aufbewahrung

Sobald deine Naturkosmetik fertig angemischt und einsatzbereit ist, benötigt sie natürlich das richtige Behältnis für die Aufbewahrung. Grundlegend eignen sich kleine Fläschchen, Tuben, Gläschen oder Tiegel, die aus Glas, Metall oder ähnlichen Materialien hergestellt sind. Auch den dekorativen Einsatzmöglichkeiten sind hier keine Grenzen gesetzt, sodass du entsprechende Aufbewahrungs-Behältnisse für einen kleinen Preis bekommst. Achte jedoch darauf, dass sich die Aufbewahrungsbehältnisse leicht reinigen lassen und im Idealfall einen luftdichten Verschluss (zum Beispiel einen Schraubverschluss oder einen luftdichten Verschluss, wie bei einem Einmachglas) besitzen. Eine weitere, schlaue und günstige Möglichkeit für die Aufbewahrung von selbstgemachtem Shampoo und Duschgel sind aber auch alte Verpackungen der jeweiligen Produkte. So landen diese nicht direkt im Müll und können wiederverwertet werden. Darüber hinaus sind herkömmliche Verpackungen von Kosmetik zwar aus Plastik, aber in der Regel genau auf die Bedürfnisse des Inhalts abgestimmt, sodass das ungewollte Zusetzen von Bakterien, Keimen oder Sauerstoff die Haltbarkeit des Produkts mindert.

Die Hygiene

Bei der Herstellung deiner eigenen Naturkosmetik sind nicht nur die Mischbehältnisse und die Inhaltsstoffe wichtig. Ein Kriterium bestimmt ebenfalls, wie wirkungsvoll deine Kosmetik ist und wie lange sie hält: deine Hygiene. Deine Hände, dein Arbeitsuntergrund, die Inhaltsstoffe an sich und auch die Behältnisse, in die du sie füllst, sollten bei der Kosmetik-Herstellung also so sauber, wie nur möglich, sein. Das bedeutet nicht, dass du klinisch steril arbeiten musst – keine Sorge. Damit deine Naturkosmetik aber lange haltbar ist und deinen Körper und deine Haare lange Zeit pflegt, findest du im Anschluss einige Tipps, mit denen das saubere Arbeiten fast wie von selbst geht.

Reinige deine Arbeitsfläche

Ob in der Küche oder auf dem Schreibtisch, sorge zunächst einmal für Ordnung und räume die Arbeitsfläche, auf welcher du deine Kosmetik herstellst, vollkommen frei. Die halb-volle Tasse Kaffee oder der Notizblock haben nun keinen Platz hier, denn dieser wird für die Herstellung deiner natürlichen Kosmetik benötigt. Reinige nun die gesamte Fläche mit Desinfektionsmittel oder Reinigungsalkohol. So bleiben keine Bakterien, Keime und kein Schmutz auf der Oberfläche haften und können sich in deine Kosmetik schleichen. Lege im Anschluss die Fläche mit einigen Küchentüchern oder frischgewaschenen Handtüchern aus, diese kannst du ebenfalls einmal desinfizieren oder mit etwas Reinigungsalkohol einsprühen (Achte darauf, die Dämpfe des Alkohols nicht einzuatmen, und öffne am besten ein Fenster, damit dir nicht schwindelig wird).

Reinige deine Hände

Deine Hände sind deine Arbeitsinstrumente für die Herstellung deiner Kosmetik. Dabei wimmeln auf deiner Hautoberfläche unzählig viele Bakterien, die zwar für dich nicht schädigend sind, aber gleichzeitig nicht in deinen Tiegeln und Tuben landen sollten. Wasche deine Hände also gründlich unter fließendem Wasser mit Seife. Sprühe sie aber niemals mit Reinigungsalkohol ein, denn dieser zerstört die

Schutzbarriere deiner Haut. Wenn du möchtest, kannst du außerdem mit Einweghandschuhen arbeiten, um besonders sauber und sicher zu arbeiten. Da die Verwendung solcher Einweghandschuhe jedoch mehr Plastikmüll bedeutet, den wir eigentlich vermeiden möchten, bietet sich die Verwendung jener eher an, wenn du Großes vorhast, also viele Kosmetikprodukte herstellen möchtest. Arbeitest du nur an einem kleinen Tiegel Hautcreme, lohnt sich der zusätzliche Einsatz von Plastik nicht unbedingt.

Reinige deine Utensilien

Welche Misch- und Aufbewahrungsbehältnisse du benötigst, weißt du ja inzwischen. Auch diese Behältnisse müssen vor der Verwendung gründlich gereinigt werden, selbst dann, wenn sie vollkommen sauber aussehen. Bakterien und Keime sind nämlich für unsere Augen nicht sichtbar und befinden sich auf so gut wie jeder Oberfläche. Um deine Behältnisse vorzubereiten, solltest du diese vorher mit kochendem Wasser ausspülen. Solltest du besonders kalkhaltiges Wasser in deiner Küche haben, kannst du das Ausspülen auch mit destilliertem Wasser vornehmen. Im Anschluss bietet es sich an, die Gläser mit Reinigungsalkohol zu besprühen und kopfüber auf deinen vorbereiteten Küchentüchern oder Handtüchern trocknen zu lassen. Auch alle Stäbe, Löffel, Spatel oder Thermometer sollten vor der Nutzung gründlich gereinigt werden.

Die Haltbarkeit

In herkömmlicher Kosmetik aus dem Drogeriemarkt werden in der Regel Mineralöle oder Parabene eingesetzt, die das jeweilige Produkt mit ihren konservierenden Eigenschaften haltbar machen sollen. Jene Substanzen sind für den Menschen sowie für die Umwelt jedoch sehr belastend, weswegen sie in der Naturkosmetik keinen Platz haben. Stattdessen musst du bei der Herstellung deiner eigenen Kosmetik die eine oder andere Sache beachten und mit natürlichen Konservierungsmitteln arbeiten – das ist gar nicht so schwierig, wie es sich zunächst anhört.

Wie du hygienisch und sauber arbeitest, hast du bereits in dem vorigen Kapitel gelernt. Eine solche Arbeitsweise ist überaus wichtig für die Herstellung deiner Kosmetik, denn sie bestimmt, wie wirkungsvoll und langlebig diese sein wird – in anderen Worten: Du bestimmst bereits bei der Zusammenstellung von Shampoo, Duschgel und Seife, wie glücklich du hinterher mit dem Effekt und dem eigentlichen Produkt sein wirst. Neben der Hygiene während der Zusammenstellung ist auch die Menge deiner Kosmetik ein ausschlaggebender Faktor. So solltest du dir bereits vor dem Zusammenstellen deiner Inhaltsstoffe überlegen, wie viel Endprodukt du überhaupt haben möchtest. Dabei geht es nicht nur darum, wie viel Flüssigkeit in eine Shampoo-Flasche passt, sondern vielmehr, wie viel Shampoo du mit großer Voraussicht in der Zukunft verbrauchen wirst. Somit bietet es sich grundlegend an, immer erst kleinere Mengen des jeweiligen gewünschten Produkts herzustellen, anstatt direkt in die Großproduktion zu gehen. Auch, wenn du ein neues Rezept ausprobierst, ist es erst einmal sinnvoll, eine kleine Portion zu produzieren, denn vorab weißt du in der Regel ja nicht, ob die jeweilige Naturkosmetik dir zusagt und auch den gewünschten Pflegeeffekt erbringt. Somit lässt sich zusammenfassen: Arbeite vorwiegend mit kleineren Mengen, es sei denn, du möchtest selbstgemachte Kosmetik verschenken. Demnach verringert sich das Risiko, dass deine Kosmetik schlecht und nicht mehr haltbar wird, enorm. Dadurch, dass du alle wichtigen Zutaten bereits zuhause haben wirst, sollte deine Kosmetik leer sein, und du nicht erst einkaufen gehen musst, wird es dir ein Leichtes sein, das jeweilige Töpfchen oder den Tiegel schnell aufzufüllen.

Auch bei der Herstellung an sich kannst du einiges beachten, um die Haltbarkeit deiner Endprodukte zu steigern. So bietet es sich immer an, die einzelnen Produkte nicht mit den Fingern (unabhängig davon, ob diese in Einweghandschuhen stecken oder nicht), sondern mit einer Pinzette, mit Löffeln oder Spateln anzufassen und dem Gemisch zuzufügen. Darüber hinaus solltest du bei den Inhaltsstoffen auf eine gute Qualität achten. Abgelaufene oder gekippte Öle sowie welke Pflanzenteile solltest du demnach dringend aussortieren und anderweitig nutzen oder wegschmeißen. Auch solltest du dir genügend Zeit einplanen, um deine Kosmetik herzustellen. Wer Lippenpflege oder Zahnpasta zwischen Tür und Angel herstellen möchte, dem unterlaufen schnell Flüchtigkeitsfehler und auch das saubere und ordentliche Arbeiten fällt schwer, all dies mindert die Haltbarkeit der Kosmetik. Nimm dir also eine gewisse Zeitspanne – einen Nachmittag zum Beispiel – frei und stelle ganz in Ruhe und ohne Zeitdruck deine eigene Kosmetik her. Neben den Aufbewahrungsbehältnissen bestimmt auch der Ort der Aufbewahrung, wie hoch die Haltbarkeit ist. So genügt es in manchen Fällen nicht, die Kosmetikprodukte einfach in Flaschen abzufüllen und auf die sonnige Fensterbank zu stellen. Stattdessen solltest du, abhängig vom Rezept, deine Kosmetik in einer kühlen und dunklen Ecke oder sogar im Kühlschrank aufbewahren. Hinweise zu den besten Aufbewahrungsorten findest du aber immer bei dem jeweiligen Rezept.

Grundlegend lässt sich sagen, dass Naturkosmetik möglichst schnell aufgebraucht werden sollte, denn sie sollte innerhalb von sieben Tagen bis acht Wochen nach der Herstellung verwendet werden. Dies ist in der Regel aber gar nicht schwer, denn bei deiner Naturkosmetik wird es sich um alltägliche Kosmetik handeln, die dich Tag ein, Tag aus pflegen wird und somit mit Sicherheit schneller aufgebraucht ist, als es dir lieb ist. Solltest du einmal aus Versehen zu viel Kosmetik hergestellt haben, kannst du sie übrigens sehr gut in kleinen Tuben einfrieren und vor Gebrauch im Kühlschrank auftauen lassen. So entsteht während des Auftauens weniger Kondenswasser, das deine Kosmetik verdünnt. Wasser ist übrigens der wichtigste Indikator für die Haltbarkeit deiner Kosmetik. Je mehr Wasser sich unter den Inhaltsstoffen befindet, desto geringer ist die Haltbarkeit des jeweiligen Produkts, weil Wasser das Wachstum und die Vermehrung von Bakterien, Hefen und Pilzen begünstigt. Deswegen ist es grundlegend immer wichtig, abgekochtes oder destilliertes Wasser zu verwenden und natürlich hygienisch zu arbeiten. Nachfolgend wirst du die natürlichen Konservierungsmittel kennenlernen, die dir bei der Herstellung und Aufbewahrung deiner eigenen Kosmetik behilflich sein können. Denke jedoch immer daran, dass jedes noch so gute Konservierungsmittel einer vorherrschenden Belastung von Keimen nicht entgegenkommen kann. Wer also nicht sauber und hygienisch arbeitet und seine Kosmetik verunreinigt, kann diesen Fehler nicht einfach durch den Einsatz natürlicher Konservierungsmittel ausbügeln. Wir merken uns also: Das saubere und hygienische Arbeiten ist die wichtigste Komponente in der Herstellung deiner eigenen natürlichen Kosmetik.

Natürliche Zutaten mit konservierenden Eigenschaften

Diese Zutaten werden aufgrund ihrer konservierenden Eigenschaften mit Vorliebe in der Herstellung von Naturkosmetik beigefügt:

Zitronensaft

Du kennst ihn vielleicht aus der Obstsalat-Herstellung – aufgeschnittene Bananen- oder Apfelscheiben werden mit etwas Zitronensaft beträufelt, damit diese nicht braun werden. Die Zitronensäure im Saft hat nämlich eine antibakterielle Wirkung, wodurch bereits einige Spritzer des Zitronensafts zu einer besseren Haltbarkeit deiner Kosmetik verhelfen können.

Ätherische Öle

Die wohlriechenden Öle, denen heilende Eigenschaften nachgesagt werden, können noch mehr: Sie sind auf ganz natürliche Weise antibakteriell und können somit der Entstehung von Schimmel vorbeugen.

Vitamin E

Vitamin E eignet sich nicht nur durch seine feuchthaltenden und hautstraffenden Eigenschaften für die Verwendung in der Naturkosmetik, es trägt auch dazu bei, dass die Öle, die du in deiner Kosmetik verwendest, weniger schnell ranzig werden. Somit hilft auch Vitamin E bei der Verlängerung der Haltbarkeit deiner Naturkosmetik.

Alkohol

Alkohol ist bereits dein Helfer Nummer Eins, wenn es um das saubere und hygienische Arbeiten geht, denn Alkohol desinfiziert und trocknet aus, wodurch es Schimmel und Co. schwerhaben. Auch als Inhaltsstoff kann Alkohol die Haltbarkeit deiner Kosmetik verlängern. Dafür benötigst du jedoch den richtigen Alkohol, denn einfach einen Schluck Wein in die Kosmetik zu gießen, wird dir nicht helfen. Stattdessen benötigst du hochprozentigen Alkohol, der im Idealfall einen Prozentsatz von 95% Vol. aufweist. Eine solche Konzentration findest du in Weingeist, in Reinigungsalkohol oder auch in Wodka, Korn oder Spiritus. Je geringer der Prozentsatz des Alkohols dabei ist, desto mehr muss zugegeben werden. Dabei musst du dir grundlegend keine Sorgen um Hautirritationen oder Ähnliches machen, denn der hochprozentige Alkohol in deiner Kosmetik verdunstet sehr schnell und dringt somit gar nicht erst in die Hautschichten ein – er wird also ausschließlich für die Haltbarkeit deiner Kosmetik eingesetzt. Es bietet sich nicht an, Alkoholsorten mit einem niedrigeren Prozentsatz zu verwenden, denn hiervon musst du in der Regel so viel verwenden, dass der konservierende Alkoholanteil in deiner Kosmetik so hoch ist, dass diese sich für trockene oder sensible Haut nicht mehr eignet. Greife im Idealfall also zum Reinigungsalkohol aus der Apotheke, hiermit kannst du nichts falsch machen!

Abgelaufene Naturkosmetik erkennen

Wie genau erkennst du nun, wenn ein Produkt, das von dir selbst hergestellt wurde, nicht mehr haltbar ist und somit nicht mehr verwendet werden sollte? Zunächst bietet es sich immer an, das Datum der Herstellung auf der jeweiligen Verpackung deiner Kosmetik zu vermerken. So musst du nicht in deinen Kalender blicken und schauen, wann du das Shampoo oder die Creme hergestellt haben könntest. Darüber hinaus gibt es einige Indikatoren, die dir anzeigen können, ob das Produkt noch sicher zu nutzen ist oder eher in den Müll gehört.

Der wichtigste Indikator für die Feststellung, ob deine Naturkosmetik abgelaufen oder noch gut ist, ist der Geruch. Sobald dieser sich verändert oder beginnt, unangenehm zu werden, solltest du das Kosmetikprodukt nicht mehr benutzen. Auch Verflüssigungen zeigen dir an, ob die Haltbarkeit überschritten ist. Dabei dürfen jene Verflüssigungen nicht mit der Temperatur in einem Zusammenhang stehen, denn Kokosöl wird bei wärmeren Temperaturen flüssig, was die Qualität des Öls jedoch nicht beeinflusst. Solltest du aber bemerken, dass die Festigkeit deines Produkts nicht mehr die ist, die sie sein sollte, bedeutet auch dies, dass die Haltbarkeit überschritten ist. Die nächsten Indikatoren sind Schaumbildungen oder sichtbare Flecken. Diese weisen nämlich auf die Produktion von Schimmel- oder Hefepilzen hin, was erneut bedeutet, dass du das Produkt nicht mehr verwenden solltest. Grundlegend bedeutet eine kleine Veränderung in deiner Naturkosmetik nicht zwingend, dass du mit Hautirritationen oder negativen Effekten auf diese reagieren musst. Jedoch ist jeder Hauttyp verschieden, weswegen dieser Ratgeber grundlegend davon abrät, abgelaufene Naturkosmetik weiterhin zu verwenden. Genauso, wie du herkömmliche Kosmetik nicht mehr verwendest, um dich und deinen Körper vor ungesunden Stoffen zu schützen, solltest du also auch keine fragliche Naturkosmetik verwenden, denn auch hier ist der gesundheitliche Nutzen fraglich.

Abgelaufene Naturkosmetik muss in manchen Fällen jedoch nicht direkt im Mülleimer landen. Stattdessen kann sie für andere Einsatzbereiche verwendet werden. Wer zum Beispiel eine Gesichtscreme hergestellt hat, die inzwischen abgelaufen ist, sollte diese nicht mehr auf der empfindlichen Gesichtshaut verwenden. Stattdessen jedoch kann die Gesichtscreme auf unempfindlicherer Haut Anwendung finden, wie zum Beispiel auf den Schienbeinen. Auch das abgelaufene Gesichtswaschgel sollte nicht mehr für das Gesicht genutzt werden, kann jedoch als Handseife zum Händewaschen verwendet werden. Wenn du jedoch von sicher weißt, dass deine Haut empfindlich reagiert, ist auch von solch einer Zweckentfremdung deiner Kosmetik abzuraten. Stattdessen gibt es verschiedene Einsatzbereiche in deinem Haushalt, in denen deine abgelaufene Naturkosmetik noch zum Einsatz kommen kann. So kannst du mit abgelaufenem Shampoo hervorragend Make-Up-Schwämme und -Pinsel reinigen. Das abgelaufene Duschgel kann immer noch zum Händewaschen als Seife verwendet werden. Haarkuren, die ihre Haltbarkeit überschritten haben, können als Weichspüler in der Waschmaschine einen neuen Zweck finden. Und die fettige Handcreme, die nicht mehr allzu gut duftet, kann ab sofort alte Lederschuhe pflegen. Du siehst also: Mit ein wenig Kreativität musst du abgelaufene Naturkosmetik nicht einmal direkt wegwerfen, sondern kannst ihr mit neuen, alternativen Aufgaben eine neue Verwendung schenken.

222 Rezepte für deine ganz eigene Naturkosmetik

Haarpflege

Wer sich die Inhaltsangaben seiner herkömmlichen Shampoos schon einmal genauer angesehen hat, der wird sich vielleicht wundern, wie wenig Zutaten eigentlich für die Herstellung von Shampoo benötigt werden. In den folgenden Rezepten wirst du naturkosmetische Rezepte für Shampoos für unterschiedliche Haartypen vorfinden. Dabei benötigst du in einigen Fällen nicht mehr als drei Zutaten. Natürlich ist dieses Shampoo nicht so lange haltbar wie normales Shampoo aus der Drogerie, jedoch weißt du ja, wie du ganz unkompliziert und ohne Probleme für Nachschub sorgen kannst.

Eine Zutat, die für die Herstellung deines eigenen Shampoos immer wieder benötigt wird, ist dabei die Naturseife. Hierbei handelt es sich nicht um Kernseife oder reines Glycerin, wie wir es schon einmal für die Herstellung naturkosmetischer Handseifen benötigen. Stattdessen handelt es sich bei Naturseife um rein pflanzliche Seifen, die feuchtigkeitsspendendes Glycerin enthalten und rückfettend wirken. Du erhältst solche Naturseifen in Drogeriemärkten, in kleinen Seifensiedereien, auf Märkten oder online.

Flüssig-Shampoo

Rum-Bier-Shampoo mit Lavendel

Für normales Haar

Zutaten:

- 5 Tropfen ätherisches Lavendelöl
- 1 Eigelb
- 1 EL Rum
- 1 Schuss helles Bier

Zubereitung:

1. Trenne das Eigelb vom Eiweiß und vermenge das Eigelb mit dem Bier.
2. Gib anschließend den Rum sowie das Lavendelöl hinzu und vermenge alle Zutaten gründlich miteinander.
3. Fülle das Shampoo in ein geeignetes Behältnis.
4. Befeuchte die Haare und gib eine kleine Menge des Shampoos hinein. Lasse das Shampoo kurz einwirken und spüle es anschließend gründlich aus.

Kamillen-Shampoo

Für normales Haar

Zutaten:

- 250 g Kamillentee
- 10 g Naturseife

Zubereitung:

1. Rasple die Seife mithilfe einer Reibe fein.
2. Koche den Kamillentee auf und lasse diesen kurz ziehen.
3. Erhitze den Kamillentee in einem geeigneten Behältnis.
4. Rühre die Seifenraspel in den Kamillentee ein und rühre so lange um, bis die Seife vollständig aufgelöst ist.
5. Lasse das fertige Shampoo abkühlen und fülle es in ein geeignetes Behältnis.
6. Lagere das Shampoo an einem kühlen Ort und schüttle es vor Gebrauch gründlich.

Brennnessel-Shampoo

Für normales Haar

Zutaten:

- 250 ml Brennnesseltee
- 10 g Naturseife

Zubereitung:

1. Rasple die Naturseife mithilfe einer Reibe fein.
2. Brühe den Brennnesseltee auf und lasse diesen kurz ziehen.
3. Erhitze den Tee in einem geeigneten Behältnis und rühre die Seifenraspel ein, bis diese sich vollständig aufgelöst haben.
4. Sollte das Shampoo zu dickflüssig sein, kannst du zusätzlich etwas Wasser einrühren. Ist das Gegenteil der Fall, kannst du mehr Seife nachgeben.
5. Fülle das Shampoo in ein geeignetes Behältnis ab und lagere es an einem kühlen Ort.

Citrus-Oliven-Shampoo

Für feines Haar

Zutaten:

- 5 Tropfen ätherisches Minzöl
- 1 Ei
- Saft einer halben Zitrone
- 1 TL Honig
- 1 TL Olivenöl

Zubereitung:

1. Schlage das Ei in ein Behältnis auf und verquirle es mit dem Honig.
2. Rühre anschließend das ätherische Minzöl sowie das Olivenöl und den Zitronensaft unter und vermenge alle Zutaten gründlich miteinander.
3. Fülle das Shampoo in ein geeignetes Behältnis ab und lagere es bis zur Nutzung kühl.

Anti-Schuppen-Lindenblüten-Shampoo

Für trockenes Haar

Zutaten:

- 250 ml Lindenblütentee
- 10 g Naturseife

Zubereitung:

1. Reibe die Naturseife mithilfe einer Raspel fein.
2. Koche währenddessen den Tee auf und lasse diesen einige Minuten lang ziehen.
3. Erwärme den Tee anschließend in einem geeigneten Behältnis und rühre die Seifenraspel unter, bis diese sich vollständig aufgelöst haben.
4. Ist das Shampoo zu dickflüssig, kann mehr Wasser eingerührt werden. Ist die Konsistenz stattdessen zu dünnflüssig, kann

mehr Seife aufgelöst werden.
5. Fülle die Seife in ein geeignetes Behältnis ab und lagere diese bis zum Gebrauch kühl.
6. Vor der Nutzung gründlich schütteln.

Lavendel-Aloe-Vera-Shampoo

Für fettiges Haar

Zutaten:

- 10 Tropfen Lavendelöl
- 10 g Naturseife
- 3 EL Aloe Vera Trinkgel
- 250 ml Wasser

Zubereitung:

1. Rasple die Naturseife mithilfe einer Reibe fein.
2. Erhitze das Wasser und rühre die Seife darin ein, bis sie sich vollkommen aufgelöst hat.
3. Gib anschließend das Lavendelöl sowie das Aloe Vera Trinkgel hinzu und verrühre alle Komponenten gründlich miteinander.
4. Ist die Konsistenz zu dünnflüssig, kann zusätzlich Seife aufgelöst werden. Ist die Konsistenz hingegen zu dickflüssig, kann Wasser nachgegeben werden.
5. Fülle das fertige Shampoo in ein geeignetes Behältnis und bewahre dieses an einem kühlen Ort auf.
6. Das Shampoo vor der Nutzung immer gründlich schütteln.

Lavaerde-Shampoo

Für fettiges Haar

Zutaten:

- destilliertes Wasser
- Lavaerde
- 5 Tropfen ätherisches Kamillenöl

Zubereitung:

1. Gib einige Teelöffel der Lavaerde in ein geeignetes Behältnis und vermenge es mit so viel Wasser, bis die Lavaerde sich streichen lässt.
2. Gib nun das ätherische Kamillenöl hinzu und vermenge alle Komponenten gründlich miteinander.
3. Fülle das Shampoo in ein geeignetes Behältnis.
4. Befeuchte die Haare und massiere eine kleine Menge des Shampoos in die Kopfhaut ein. Spüle das Shampoo anschließend gründlich aus.

Lavendel-Cognac-Shampoo

Für strapaziertes Haar

Zutaten:

- 5 Tropfen Lavendelöl
- 1 Ei
- ½ TL Cognac
- 1 TL Honig

Zubereitung:

1. Verquirle das Ei in einem geeigneten Behältnis.
2. Gib anschließend den Honig, den Cognac sowie das Lavendelöl hinzu.
3. Vermenge alle Zutaten gründlich miteinander.

4. Das Shampoo sollte direkt verwendet werden und auf das feuchte Haar und in die feuchte Kopfhaut einmassiert werden. Im Anschluss wird das Shampoo gründlich mit lauwarmem Wasser ausgespült.

Hibiskus-Shampoo

Für strapaziertes Haar

Zutaten:

- 20 g Naturseife
- 1 Handvoll getrocknete Hibiskus-Blätter
- 500 ml Wasser

Zubereitung:

1. Rasple die Seife mithilfe einer Reibe klein.
2. Vermenge das Wasser mit den Hibiskus-Blättern und bringe beide Zutaten zum Kochen.
3. Koche das Hibiskus-Wasser zwanzig Minuten lang.
4. Schütte anschließend die Blätter ab und fange den Sud auf.
5. Erhitze den Sud erneut auf mittlerer Hitzestufe und löse die Seifenraspel darin unter Rühren auf.
6. Ist das Shampoo zu dickflüssig, kann mehr Wasser hinzugegeben werden. Ist die Konsistenz zu dünnflüssig, kann wiederum mehr Seife aufgelöst werden.
7. Fülle das fertige Shampoo in ein geeignetes Behältnis und lagere es an einem kühlen Ort.
8. Das Shampoo vor Gebrauch gut schütteln.

Salbei-Rosmarin-Shampoo

Für trockene Kopfhaut

Zutaten:

- 10 Tropfen Salbeiöl
- 10 g Naturseife
- 250 ml Rosmarintee

Zubereitung:

1. Rasple die Naturseife mithilfe einer Reibe fein.
2. Koche den Rosmarintee auf und lasse diesen kurz ziehen.
3. Gib anschließend die Seifenraspel in den Tee und erhitze diesen auf mittlerer Hitzestufe. Löse die Raspel vollständig und unter Rühren auf.
4. Gib anschließend das Salbeiöl hinzu und vermenge alle Komponenten gründlich miteinander.
5. Fülle das Shampoo in ein geeignetes Behältnis ab und lagere es an einem kühlen Ort.
6. Schüttle das Shampoo vor der Nutzung gründlich durch.

Festes Shampoo

Bei festem Shampoo handelt es sich um Shampoo in Seifenform. Du kannst diese Shampoo-Bars sehr einfach selbst herstellen und deine Haare mit ihnen genauso mit Feuchtigkeit und Pflege versorgen, wie es bei flüssigem Shampoo der Fall ist. Dadurch, dass festes Shampoo getrocknet wird, damit es aushärtet, hält es übrigens deutlich länger als naturkosmetisches Flüssigshampoo – praktisch, oder? Wenn du möchtest, kannst du in deine Shampoo-Bars vor dem Aushärten eine Schlaufe aus Juteband oder Ähnlichem einbauen, so kannst du ihn nach der Haarwäsche aufhängen und bis zur nächsten Dusche trocknen lassen. Alternativ lassen sich die Shampoo-Bars wie normale Seife auch einfach in einer Seifenschale aufbewahren. Einige Inhaltsstoffe der Shampoo-Bars kommen dir mit Sicherheit nicht bekannt vor, deswegen findest du nachfolgend eine kleine Übersicht:

- *SLSA:* Diese Abkürzung steht für den Begriff: Sodium Lauryl Sulfoacetat. Hierbei handelt es sich um ein Tensid, welches dafür sorgt, dass dein Shampoo auch schäumt. Dabei ist diese Art der Tenside eine pflanzliche: Sie werden nämlich aus Kokos- oder Palmöl (wir präferieren natürlich die Kokosöl-Variante) sowie organischen Salzen aus der Essigsäure hergestellt und sind in einer feinen Pulverform erhältlich. Das SLSA-Tensid ist sehr mild zur Haut, trocknet deine Haare sowie deine Kopfhaut nicht aus und hinterlässt ein angenehm weiches Gefühl. Du kannst es in gutsortierten Drogeriemärkten oder online kaufen. Achte bei der Verwendung von SLSA immer darauf, dass es im trockenen Zustand stark staubt. Deswegen sollte es von dir nicht eingeatmet werden!
- *SCI:* Die Abkürzung SCI beschreibt den Begriff: Sodium Cocoyl Isethionate. Hierbei handelt es sich um ein anionisches Tensid, welches aus natürlichem Kokosöl hergestellt wird. Dadurch, dass es schwach wasserlöslich ist, eignet es sich sehr gut für die Herstellung von Seifen oder Shampoo-Bars. Es schäumt selbst bei hartem Wasser sehr gut und wirkt mild zu Haaren und Kopfhaut.
- *Haarguar:* Bei Haarguar handelt es sich um ein Guarkernderivat, einem pflanzlichen Stoff, welcher einen schützenden Film um die Haare legt, was die Reizung der Kopfhaut mindert und vorbeugt, dass die Haare entfetten. Darüber hinaus

verhindert Haarguar in deinem Shampoo, dass deine Haare sich nach dem Föhnen elektrisch aufladen. So kannst du sie leichter durchkämmen. Haarguar erhältst du in gut sortierten Drogeriemärkten oder online.

Shampoo-Bars sind sehr einfach in der Zubereitung und in der Aufbewahrung. Du kannst sie nach der Zusammenstellung entweder über Nacht aushärten lassen oder für zwei Stunden bei 40-50°C in den Backofen geben, wodurch die Aushärtung beschleunigt wird. Wer ganz ungeduldig ist, kann die Shampoo-Bars übrigens auch für eine Stunde in den Gefrierschrank legen.

Brokkoli-Shampoo-Bar

Zutaten:

- 125 g Sheabutter
- 250 g SLSA
- 250 g Maisstärke
- 20 Tropfen Brokkolisamen-Öl
- 15 Tropfen Nachtkerzen-Öl
- optional: einige Tropfen grüne Lebensmittelfarbe

Zubereitung:

1. Gib das SLSA sowie die Maisstärke in eine Schüssel und vermenge beide Pulver miteinander (da die Pulver stark stauben, solltest du darauf achten, sie nicht aus Versehen einzuatmen).
2. Füge nun das Brokkolisamen-Öl sowie das Nachtkerzen-Öl hinzu und verrühre alle Zutaten vorsichtig miteinander.
3. Schmilz die Sheabutter in einem Wasserbad und rühre sie anschließend ebenfalls unter die Masse.
4. Sobald die Zutaten nicht mehr stauben, kannst du sie mit (sauberen) Händen kneten, bis eine Art fester Teig entsteht.
5. Fülle die Shampoo-Masse in kleine Silikonförmchen, wie du sie vielleicht zum Backen kennst, und gib diese zum Aushärten bei 40-50°C (Umluft) für zwei Stunden in den Backofen.
6. Lasse die Shampoo-Bars über Nacht auskühlen und bewahre sie bis zur Nutzung Luftdicht auf.

Rosen-Shampoo-Bars

Zutaten:

- 125 g Maisstärke
- 120 g SLSA
- 60 g Sheabutter
- 10 Tropfen ätherisches Teebaumöl
- 6 Tropfen ätherisches Rosenöl
- optional: einige Tropfen Lebensmittelfarbe

Zubereitung:

1. Vermenge in einem geeigneten Behältnis die Maisstärke mit dem SLSA und achte darauf, den aufgewirbelten Staub nicht einzuatmen.
2. Schmilz anschließend die Sheabutter in einem Wasserbad und gib diese hinzu.
3. Verrühre die Sheabutter mit dem Pulvern und gib anschließend die ätherischen Öle hinzu. Vermenge alle Komponenten miteinander, bis die Masse die Konsistenz von Knete bekommt.
4. Fülle die Masse in Silikonförmchen und lasse sie über Nacht aushärten.

Vanille-Kakao-Shampoo-Bar

Zutaten:

- 10 g Kakaopulver
- 40 g SCI
- 40 g SLSA
- 15 g Sheabutter
- 5 g Kakaobutter
- 5 Tropfen ätherisches Vanille-Öl

Zubereitung:

1. Erwärme und verflüssige die Sheabutter und die Kakaobutter in einem Wasserbad.
2. Vermenge das SLSA mit dem SCI in einer Schüssel und gib anschließend das Kakaopulver hinzu.
3. Gib nun die flüssige Shea- und Kakaobutter sowie das ätherische Vanille-Öl hinzu und verknete die Zutaten mit den Händen, bis eine feste, formbare Konsistenz entsteht.
4. Drücke die Shampoo-Masse anschließend fest in kleine Silikonförmchen und lasse es über Nacht aushärten.

Kamille-Shampoo-Bar

Zutaten:

- 50 g Kamillenöl
- 6 g Kamillenblüten, getrocknet
- 100 g SCI
- 100 g SLSA
- 6 g Glycerin
- 5 g ätherisches Öl nach Wahl
- 2 Msp. Haarguar

Zubereitung:

1. Zerstoße die Kamillenblüten mit einem Mörser, bis sie krümelig sind. Alternativ kannst du auch Kamillentee verwenden.
2. Vermenge die bröseligen Kamillenblüten mit dem SCI und dem SLSA.
3. Vermenge in einer zweiten Schüssel das Glycerin mit dem ätherischen Öl und dem Kamillenöl.
4. Gib die flüssigen Komponenten zu den Pulvern und vermenge alle Zutaten gründlich miteinander.
5. Rühre nun das Haarguar unter und verknete die Masse so lange, bis eine feste und formbare Konsistenz entsteht.
6. Drücke die Shampoo-Masse in Silikonförmchen und lasse sie zwei bis drei Nächte lang aushärten.

Einfacher Kokosöl-Shampoo-Bar

Zutaten:

- 25 g Kokosöl
- 40 g Maisstärke
- 50 g SLSA
- nach Belieben: 5 Tropfen ätherisches Öl nach Wahl

Zubereitung:

1. Schmilz das Kokosöl in einem Wasserbad, bis es eine flüssige Konsistenz hat.
2. Wenn du möchtest, kannst du einige Tropfen deines liebsten ätherischen Öls hinzugeben, ansonsten riecht der Shampoo-Bar dezent nach Kokos.
3. Gib die Maisstärke und das SLSA zum Kokosöl und vermenge alle Zutaten miteinander, bis eine feste, formbare Masse entsteht.
4. Presse die Masse portionsweise in kleine Silikonformen und lasse sie über Nacht aushärten.

Exkurs: Wie oft sollte ich meine Haare waschen?

Wer Naturkosmetik verwendet, der tut dies in der Regel aus verschiedenen Gründen. Einer davon ist oftmals der Umweltschutz, denn konventionelle Kosmetik schädigt durch Mikroplastik oder künstliche Inhaltsstoffe die Natur. Ein Aspekt von Umweltschutz ist dabei auch die Schonung von wichtigen Ressourcen, wie zum Beispiel Wasser. Deswegen stellt sich die Frage: Wie oft sollte ich meine Haare überhaupt waschen? Die Meinungen zum Thema Haare waschen und der Häufigkeit dieser Tätigkeit könnten dabei nicht weiter auseinandergehen: Die eine Freundin wäscht ihre Haare täglich, während die andere Freundin nur einmal die Woche zu Shampoo und Conditioner greifen muss. Wieder eine andere Freundin verzichtet vollkommen auf Shampoo und wäscht alle paar Tage ausschließlich mit Wasser – was genau ist denn nun der richtige Weg?

Grundlegend kann gesagt werden, dass es nicht den einen, richtigen Weg gibt, denn unsere Haare sind genauso individuell wie wir selbst. Das bedeutet, dass es Menschen mit trockeneren Haaren gibt, die nicht allzu oft zum Shampoo greifen sollten. Wieder andere Menschen haben Haare, die dazu neigen, fettig zu werden – hier ist ein häufigeres Waschen unproblematisch für die Haare. Schlussendlich stellen der Haartyp und der Lebensstil zwei Faktoren dar, die bestimmen, wie oft die Haare gewaschen werden sollten. Wer zum Beispiel viel Sport treibt, kommt nicht drum herum, seine Haare, die nach dem Workout verschwitzt am Kopf kleben, zu waschen. Was jedoch auch gesagt werden kann oder muss, ist, dass wir unsere Haare generell zu häufig waschen. Dadurch werden die Fette und das Talg, welche von unserer Kopfhaut produziert werden, durch aggressive Shampoos weggeschrubbt und haben nicht mehr die Chance, sich in den Haarlängen zu verteilen. Das Ergebnis ist eine Kopfhaut, die oftmals gereizt und trocken ist und dadurch juckt, sowie trockene Haarlängen. Übrigens ist es kein normaler Zustand, wenn der Haaransatz bereits einen Tag nach der Haarwäsche schon wieder fettig aussieht. Dies geschieht nur, weil das ständige Waschen und Duschen die Produktion von Talg und Fett antreibt. Wenn du zum Beispiel beginnst, deine Haare nur noch jeden zweiten oder jeden dritten Tag zu waschen, wirst du schnell merken, wie auch die Fettproduktion deiner Kopfhaut abnimmt und die vorhandenen Fette sich besser in den Haarlängen verteilen und diese geschmeidiger machen können. Wer somit unter fettigen Haaren leidet, der sollte diese auf keinen Fall noch häufiger waschen! Stattdessen bietet es sich an, die Haare sogar einmal richtig durchfetten zu lassen, zum Beispiel über einen Zeitraum von mehreren Tagen bis hin zu einer oder zwei Wochen. So kann sich die Talgproduktion regulieren und du kannst im Anschluss beginnen, deine Haare nur noch alle zwei bis drei Tage zu waschen oder sogar nur einmal die Woche den Kopf unter die Brause zu halten. So sparst du nicht nur Wasser und Zeit, sondern raubst deinen Haaren nicht noch selbstproduzierte Pflegekomponenten, die für natürlich schöne Haare sorgen.

Trockenshampoo

Trockenshampoo ist ein toller und praktischer Begleiter in unserem Alltag, denn nicht immer muss die komplette Haarpracht gewaschen werden, wenn nur der Ansatz etwas fettig aussieht. Genau hier kann das Trockenshampoo nämlich Abhilfe schaffen. Nachfolgend findest du Rezepte für flüssige und pulverförmige Trockenshampoos, die dir mit ganz natürlichen Inhaltsstoffen helfen, deinen Ansatz wieder aussehen zu lassen wie frisch gewaschen! Einige Inhaltsstoffe sind dir eventuell nicht bekannt, weswegen du hier eine kleine Übersicht findest:

- Hamameliswasser: Bei diesem Inhaltsstoff handelt es sich um ein Pflanzendestillat, welches aus den Zweigen und Blättern des sogenannten Zaubernuss-Strauchs gewonnen wird. Hamameliswasser wirkt entzündungshemmend, heilungsfördernd und schmerzlindernd. Aufgrund seiner adstringierenden Wirkung wird Hamameliswasser gerne in der Kosmetik-Produktion eingesetzt.
- Bentonit: Bei Bentonit handelt es sich um ein Gestein, welches aus Tonmineralien und Montmorillonit besteht und eine starke Wasser-Aufnahmefähigkeit besitzt. Du erhältst Bentonit in Pulverform in gut sortieren Drogeriemärkten oder online.
- Kaolin: Kaolin wird auch Porzellanerde genannt und ist ein feines, weißes und eisenfreies Gestein, welches du in Pulverform in gut sortierten Drogeriemärkten oder online erhältst.

Die Farbe deines Trockenshampoos

Da es ein unendlich breites Spektrum an Haarfarben gibt, ist es für dich eventuell notwendig, dein Trockenshampoo zu färben. Während das normale Shampoo wieder aus den Haaren gewaschen wird, wird das Trockenshampoo zwar ausgekämmt, hinterlässt jedoch Rückstände im Ansatz, die im besten Fall nicht sichtbar sein sollten. Somit können brünette Menschen Back-Kakao in ihr Trockenshampoo mischen, wodurch es eine dunklere Färbung erhält. Wer rote Haare hat, der kann sein Trockenshampoo mit einer Prise Zimt färben. Hellblonde Menschen müssen in der Regel keine Farbe hinzufügen. Wer jedoch ein dunkleres Blond auf dem Kopf trägt, kann auch hier mit einer kleinen Prise Kakao arbeiten. Schlussendlich musst du deine ganz persönliche Farb-Dosierung selbst herausfinden, denn je dunkler deine Haare sind, desto mehr Farbe benötigst du natürlich, damit das Trockenshampoo nach der Anwendung nicht mehr sichtbar ist.

So verwendest du das Trockenshampoo

Das flüssige Trockenshampoo lässt sich sehr leicht verwenden, indem du es einfach auf die Haarwurzeln oder auf fettige Partien im Haar sprühst. Warte einige Minuten, bis das Shampoo getrocknet ist, und bürste es anschließend aus. Wenn du ein pulverförmiges Trockenshampoo herstellst und nutzen möchtest, bietet es sich an, das Pulver mithilfe einer Make-Up-Bürste oder feuchten Fingern in ganz kleinen Mengen aus dem Behältnis zu nehmen und in die Kopfhaut und den Haaransatz einzumassieren. Lasse auch das trockene Trockenshampoo einige Minuten lang einwirken und bürste es gründlich aus. Pulverförmige Trockenshampoos lassen sich alternativ übrigens auch sehr gut in Salzstreuer füllen und damit auf der Kopfhaut portionieren.

Feuchtes Trockenshampoo-Spray

Zutaten:

- 240 ml destilliertes Wasser
- 2 EL Maisstärke
- 60 ml Wodka, hochprozentiger Alkohol oder Hamamelis-Wasser
- 5 Tropfen ätherisches Öl nach Belieben
- optional: 2 EL Kakaopulver oder Zimtpulver als Färbemittel

Zubereitung:

1. Erwärme das destillierte Wasser, bis es eine lauwarme Temperatur aufweist.
2. Gib nun die Maisstärke, das Kakaopulver, die Alkohol-Komponente sowie das ätherische Öl hinzu und vermenge alle Zutaten gründlich miteinander.
3. Fülle das flüssige Trockenshampoo in eine Sprühflasche.
4. Schüttle das Shampoo vor der Nutzung gründlich und sprühe

es auf die Haarwurzeln und fettige Haarpartien. Lasse die Haare anschließend kurz trocknen und style sie wie gewohnt.

Zedernholz-Rosmarin-Trockenshampoo

Zutaten:

- 120 g Maisstärke
- 1 EL Bentonit
- 10 Tropfen ätherisches Rosmarin-Öl
- 5-7 Tropfen ätherisches Zedernholzöl
- optional: Farbe (Kakaopulver/Zimt)

Zubereitung:

1. Gib die Maisstärke und das Bentonit in eine Schüssel und vermenge beide Komponenten gründlich miteinander.
2. Gib nun die ätherischen Öle und nach Belieben die Farbe hinzu und vermenge die Zutaten mithilfe einer Gabel oder eines Schneebesens.
3. Fülle das Trockenshampoo in einen luftdichten Behälter.

Reismehl-Trockenshampoo

Zutaten:

- 3 TL Maisstärke
- 1 TL Kaolin
- ½ TL Natron
- 1 TL Reismehl
- 5 Tropfen ätherisches Zitronen-Öl
- optional: Kakao oder Zimt zum Färben

Zubereitung:

1. Vermenge die Maisstärke mit dem Kaolin, dem Natron sowie dem Reismehl in einem großen Behältnis.
2. Füge anschließend das ätherische Öl hinzu und färbe das Trockenshampoo nach Belieben.
3. Vermenge alle Zutaten gründlich miteinander und fülle das Trockenshampoo in ein luftdichtes Behältnis.

Heilerde-Trockenshampoo

Zutaten:

- 5 EL Heilerde (weiß oder braun)
- 5 Tropfen ätherisches Öl nach Belieben
- optional: zusätzliche Färbung mit Kakao oder Zimt

Zubereitung:

1. Wähle je nach Haarfarbe die helle oder dunklere Heilerde.
2. Vermenge die Heilerde nun mit deinem liebsten ätherischen Öl und färbe es gegebenenfalls dunkler oder rötlich mit Kakaopulver oder Zimt.
3. Fülle das Heilerde-Trockenshampoo in ein luftdichtes Behältnis.

Conditioner

Conditioner und Spülungen werden von uns angewendet, um das Haar zu pflegen, es geschmeidig zu machen und ihm einen gewissen Glanz zu verleihen. Dabei darfst du bei naturkosmetischen Conditionern nicht sofort den gleichen Effekt erwarten wie bei seinen herkömmlichen Kollegen aus dem Verkaufsregal. Dadurch, dass hier keine Silikone oder andere künstliche Stoffe eingesetzt werden, bleibt der Weichmach-Effekt erst einmal aus. Mit der Zeit wirst du jedoch bemerken, wie gesund und gepflegt deine Haare sind – probiere es also einfach einmal aus!

Viele naturkosmetische Conditioner und Spülungen werden darüber hinaus nicht unbedingt in großen Mengen gefertigt, sondern in kleinen Portionen angerührt. So profitieren deine Haare von frischen Inhaltsstoffen und du musst dir keine Gedanken um die Haltbarkeit machen.

Übrigens: Wer seinen Haaren eine extra Portion Pflege – schon vor der Dusche – verpassen will, kann über Nacht hervorragend Öle wie Kokosöl, Olivenöl oder Arganöl in seine Haarlängen einmassieren! Weichere und geschmeidigere Haare bekommen nicht einmal herkömmliche Conditioner hin!

Löwenzahn-Spülung

Anti-Schuppen

Zutaten:

- 250 ml Wasser
- 1 TL Löwenzahnblüten

Zubereitung:

1. Koche das Wasser auf und übergieße damit die Löwenzahnblüten.
2. Lasse den Löwenzahntee ziehen und abkühlen.
3. Schütte die Masse danach ab und fange den Sud auf.
4. Wasche die Haare wie gewohnt mit Shampoo und gib die Spülung auf die feuchten Haare und lasse sie einwirken. Die Löwenzahnspülung musst du nicht auswaschen.

Kräuter-Conditioner

Für mehr Glanz im Haar

Zutaten:

- 15 g Brennnessel
- 15 g Schachtelhalme
- 3 EL Basilikum (getrocknet)
- 4 EL Lavendel (getrocknet)
- 3 EL Rosmarin (getrocknet)
- 750 ml Apfelessig
- destilliertes Wasser

Zubereitung:

1. Trockne die Brennnessel und die Schachtelhalme mindestens zwei Tage lang an der Luft (oder in einem Dörrautomaten für mehrere Stunden), um überschüssiges Wasser zu entfernen.
2. Gib nun alle getrockneten Kräuter in ein geeignetes Behältnis und fülle sie mit dem Apfelessig auf. Verschließe das Glas luftdicht und schüttle es kräftig.
3. Lasse die Kräuter-Essig-Mischung zwei bis vier Wochen lang an einem kühlen und dunklen Ort ziehen. Die Kräuter werden mit der Zeit etwas Essig aufnehmen, also kannst du gerne alle paar Tage einige Esslöffel Essig nachgeben.
4. Nach Ende der Zeit kannst du die Kräuter abschöpfen und den Essig durch ein feinmaschiges Sieb, ein Teesieb oder ein Käsetuch seihen.
5. Abhängig von deinen Haaren vermengst du nun vor der Dusche den Kräuter-Essig mit dem destillierten Wasser. Für kurze Haare vermengst du 60 ml Essig und 60 ml Wasser, bei schulterlangen Haaren sind es 120 ml Essig und 120 ml Wasser. Bei langen Haaren sollten es sogar 155 ml Essig und 155 ml Wasser sein.
6. Wasche deine Haare wie gewohnt mit Shampoo und wringe sie kurz aus. Neige nun den Kopf nach hinten und gieße dir die Spülung vorsichtig über die Haare. Massiere sie in die Haarlängen ein und lasse sie kurz einwirken.
7. Das Essigkonzentrat ist in einem geeigneten Behältnis unbegrenzt haltbar, weswegen du den eigentlichen Conditioner immer erst vor der Dusche anrührst, so vermeidest du die Bildung von Schimmel.

Ingwer-Orange-Conditioner (Leave-In)

Für eine leichtere Kämmbarkeit und geschmeidiges Haar

Zutaten:

- 500 ml destilliertes Wasser
- 2 TL Kokosöl
- 2 TL Glycerin
- 1 TL Aloe Vera-Gel
- 8-10 Tropfen ätherisches Ingweröl
- 8-10 Tropfen ätherisches Orangenöl

Zubereitung:

1. Gib das destillierte Wasser vorsichtig in eine geeignete Sprühflasche (ein Trichter hilft dir bei dieser Aufgabe enorm).
2. Schmilz das Kokosöl und gib dieses, genauso wie das Aloe Vera-Gel, das Glycerin und die ätherischen Öle, hinzu.
3. Verschließe die Flasche und schüttle sie ordentlich.
4. Schüttle den Leave-In-Conditioner vor jedem Gebrauch. Im Anschluss sprühst du ihn auf die frisch-gewaschenen Haarlängen und kämmst dir vorsichtig die Haare. Da du den Conditioner nicht ausspülen musst, kannst du ihn auch hervorragend als Pflege ins trockene Haar sprühen.

Avocado-Kokos-Conditioner

Für reichlich Feuchtigkeit und Pflege

Zutaten:

- 240 ml Kokosöl
- 80 ml Avocadoöl
- 10-12 Tropfen ätherisches Rosmarinöl
- 10-12 Tropfen ätherisches Lavendelöl

Zubereitung:

1. Schmilz das Kokosöl in einem Wasserbad.
2. Gib nun das Kokosöl, zusammen mit dem Avocadoöl und den ätherischen Ölen in ein geeignetes Gefäß und vermenge alle Zutaten gründlich miteinander. Hierfür kannst du sehr gut einen Hand- oder Küchenmixer verwenden.
3. Fülle den Conditioner in ein geeignetes Behältnis.
4. Massiere den Conditioner nach der Haarwäsche in die Haarlängen und -Spitzen ein und lasse ihn zwei Minuten lang einwirken. Spüle den Conditioner anschließend gründlich aus.

Lavendel-Honig-Conditioner

Für lockiges Haar

Zutaten:

- 60 ml Kokosmilch
- 2 EL Honig
- 1 EL Kokosöl
- 1 EL griechischer Joghurt
- 2-3 Tropfen Lavendelöl

Zubereitung:

1. Schmilz das Kokosöl in einem Wasserbad.
2. Vermenge das Kokosöl nun in einem geeigneten Behältnis mit dem Honig, der Kokosmilch, dem Joghurt sowie dem Lavendelöl.

3. Fülle den Conditioner in ein geeignetes Behältnis und verschließe dieses. Im Kühlschrank bewahrt sich der Conditioner mehrere Tage lang.
4. Für die Anwendung nimmst du eine kleine Menge der Masse und massierst sie in die frischgewaschenen Haarlängen und in die Kopfhaut. Lasse den Conditioner kurz einwirken und spüle ihn anschließend gründlich aus.

Essig-Salbei-Spülung

Für fettiges Haar

Zutaten:

- 1 l destilliertes Wasser
- 5 Tropfen Salbeiöl
- 2 EL Apfelessig

Zubereitung:

1. Erwärme das Wasser und gib das Salbeiöl sowie den Apfelessig hinzu.
2. Vermenge alle Zutaten gründlich miteinander und lasse sie abkühlen.
3. Fülle den flüssigen Conditioner nun in ein geeignetes Behältnis.
4. Wasche die Haare wie gewohnt und neige den Kopf nach hinten. Gieße nun eine kleinere Menge des Conditioners über die Haare und massiere ihn in die Längen ein. Wasche den Conditioner anschließend gründlich aus.

Haarmaske

Naturkosmetische Haarmasken sind super einfach herzustellen und benötigen in der Regel überhaupt keine seltsam klingenden oder unbekannten Inhaltsstoffe. Das liegt größtenteils daran, dass du Haarmasken nicht auf Vorrat, sondern lediglich für eine Anwendung frisch herstellst und sie direkt verwendest. So kann auch die eine oder andere Banane oder das Eigelb seinen Weg in deine Haare finden und sie dort pflegen und mit guten Substanzen versorgen. Damit du einen Überblick hast, wie die verschiedenen Inhaltsstoffe der nachfolgenden Rezepte wirken, findest du hier eine kleine Übersicht:

- *Vitamin E:* Dieses Vitamin schützt die Haare vor Umwelteinwirkungen wie der Sonneneinstrahlung und unterstützt darüber hinaus das Haarwachstum.
- *Aloe Vera:* Die Pflanze enthält Beta-Sitosterin, welches die Durchblutung der Kopfhaut anregt. Darüber hinaus enthält Aloe Vera viel Kalzium, welches Haarausfall vorbeugt. Generell handelt es sich bei diesem Inhaltsstoff um eine feuchtigkeitsspendende Komponente.
- *Mango:* Die Frucht spendet Feuchtigkeit für deine Haare und wirkt der Entstehung von stumpfem und trockenem Haar entgegen.
- *Banane:* Die Banane enthält viele Vitamine, Mineralien und Antioxidantien, welche sich sehr gut auf Haut und Haar auswirken. So werden deine Haare durch die Behandlung mit Banane kräftiger und bekommen eine extra Portion Feuchtigkeit.
- *Eier:* Eier in der Haarwäsche oder Haarmaske bringen die Haare wieder zum Glänzen. Das Vitamin E, welches im Ei zu finden ist, versorgt Kopfhaut und Haare zusätzlich mit Feuchtigkeit.
- *Milchprodukte:* Milchprodukte wie Quark, Molke oder Milch sind wahre Retter für deine Haare. Das liegt an den enthaltenen Proteinen, die nah mit dem Haarbaustein Keratin verwandt sind. So glätten Milchprodukte die Haarstruktur und geben ihm neue Kraft.
- *Reiswasser:* Die Behandlung mit fermentiertem Reiswasser hat in Asien eine lange Tradition – und das nicht ohne Grund. Durch die Fermentation verändert sich der pH-Wert des Wassers und wird dem unserer Haare ähnlicher. Die Nährstoffe, die

der Reis in das Wasser abgibt (Kohlenhydrate und B-Vitamine) wirken sich sehr gut auf die Haargesundheit aus und sorgen für glänzendes und geschmeidiges Haar.

Das Erwärmen des Handtuchs in den Rezepten bewirkt übrigens, dass die Haarmasken noch besser und schneller in deine Haare einziehen. Normalerweise wird sogar empfohlen, dass du deine Haare, welche mit der jeweiligen Haarmaske versehen wurden, sogar noch in Folie und anschließend in ein warmes Handtuch einwickelst, damit sich eine noch größere Wärme entwickelt. Da wir jedoch auf so viel Plastik wie nur möglich verzichten möchten, ist dieser Schritt nicht in den nachfolgenden Rezepten vermerkt. Dir steht es natürlich frei, deine Haare dennoch in Frischhaltefolie und anschließend in das warme Handtuch einzuwickeln.

Wer seine Haare zusätzlich oder über Nacht pflegen möchte, der kann übrigens sehr gut zu hochwertigen Pflanzenölen greifen und die für einige Stunden oder über Nacht in die Haarlängen einmassieren und einwirken lassen. Dies solltest du natürlich nur tun, wenn du vorhast, im Anschluss oder am nächsten Tag, deine Haare zu waschen. Ansonsten wirst du mit einer fettigen Haarpracht durch den Tag gehen müssen. Insbesondere die nachfolgenden Öle eignen sich sehr gut für die Haarpflege über Nacht oder über mehrere Stunden:

- *Kokosöl:* Kokosöl pflegt die Kopfhaut und eignet sich besonders gut, um trockene und schuppige Kopfhaut zu beruhigen und zu pflegen. Auch die Haare werden von Kokosöl sehr gut mit Feuchtigkeit versorgt und werden geschmeidiger.
- *Arganöl:* Dieses Öl wird aus der Frucht des Arganbaumes, welcher in Marokko heimisch ist, gewonnen und bietet sich insbesondere als Kopfhautpflege an. So beugt es der Entstehung von Schuppen vor und lindert gereizte Haut. Aber auch strapaziertem und brüchigem Haar verleiht es neuen Glanz und neue Elastizität.
- *Jojobaöl:* Bei Jojobaöl handelt es sich, aus einem chemischen Blickwinkel betrachtet, nicht um ein Öl, sondern um ein flüssiges Wachs. Jojobaöl ist insbesondere in der Haarpflege sehr feuchtigkeitsspendend und pflegend und macht die Haare widerstandsfähiger. Auch die Haarfollikel werden durch Jojobaöl gestärkt.

- *Mandelöl:* Mandelöl gilt in der Naturkosmetik als ein Basisöl und hat viele Anwendungsbereiche. Dadurch, dass Mandelöl Vitamin A, E, B und D sowie Kalium, Magnesium und Calcium beinhaltet, wirkt es feuchtigkeitsspendend und beruhigt die Haut. Auch Spliss lässt sich durch die Behandlung mit Mandelöl vorbeugen.
- *Olivenöl:* Dieses Öl schmeckt nicht nur gut, es versorgt die Haare auch mit neuem Glanz und beugt Spliss vor. Dadurch, dass Olivenöl für reichlich Feuchtigkeit im Haar sorgt, schützt es sogar vor übermäßiger Hitze.

Kokos-Mango-Haarmaske

Für normales Haar

Zutaten:

- 2 Mangos
- 4 TL Kokosöl
- 2 Eigelbe
- Saft einer halben Zitrone

Zubereitung:

1. Schäle die Mangos und entferne das Fruchtfleisch von den Kernen.
2. Schneide das Fruchtfleisch in Würfel und püriere es anschließend mithilfe eines Pürierstabs oder eines Standmixers.
3. Gib nun die Eigelbe sowie das Kokosöl hinzu und vermenge die Zutaten gründlich miteinander (es bietet sich an, das Kokosöl zuvor zu erwärmen, damit es flüssig ist).
4. Presse die halbe Zitrone aus und füge den Saft ebenfalls zur Haarmaske hinzu.
5. Wärme ein Handtuch auf der Heizung vor und kämme die gewaschenen Haare durch.
6. Verteile die Haarmaske in den Haarlängen und umwickle diese mit dem Handtuch. Lasse die Maske 30 Minuten lang einwirken und spüle sie anschließend gründlich aus.

Milch-Quark-Haarmaske

Für normales Haar

Zutaten:

- 2 EL Milch
- 2 Vitamin E-Kapseln
- 2 EL Quark
- Saft einer halben Orange
- 4 EL Weizenkeimöl

Zubereitung:

1. Öffne die Vitamin E-Kapseln und schütte den Inhalt in ein geeignetes Behältnis.
2. Presse den Saft der Orange aus und gib ihn in das Behältnis zu dem Vitamin E. Vermenge beide Komponenten gründlich miteinander.
3. Gib anschließend die Milch, das Weizenkeimöl und den Quark hinzu und vermenge alle Zutaten zu einer cremigen Haarmaske.
4. Erwärme ein Handtuch und kämme die noch feuchten Haare durch.
5. Verteile die Maske in den Haarlängen und wickle diese in das Handtuch ein.
6. Lasse die Maske 30 Minuten lang einwirken und spüle sie anschließend gründlich aus.

Avocado-Haarmaske mit Zitrone

Für trockenes Haar

Zutaten:

- ½ TL Zitronensaft
- 1 Avocado
- 2 EL Aloe Vera-Saft

Zubereitung:

1. Schäle die Avocado und entferne den Kern. Nimm anschließend das Fruchtfleisch aus der Schale und gib es in ein geeignetes Behältnis. Zerdrücke die Avocado anschließend mithilfe einer Gabel.
2. Gib nun den Zitronensaft sowie den Aloe Vera-Saft hinzu und vermenge alle Komponenten gründlich miteinander.
3. Erwärme ein Handtuch und kämme die frisch-gewaschenen Haare durch.
4. Verteile die Haarmaske in den Haarlängen und lasse sie eine halbe Stunde lang einwirken.
5. Spüle die Haarmaske anschließend gründlich aus.

Orangen-Haarmaske mit Salbei

Für fettiges Haar

Zutaten:

- 10 Tropfen Salbeiöl
- 1 Orange
- ½ Becher Molke
- Saft einer halben Zitrone

Zubereitung:

1. Schäle die Orange und schneide das Fruchtfleisch klein. Gib es anschließend in einen Standmixer oder püriere es mithilfe eines Pürierstabs.

2. Presse den Saft der Zitrone aus und gib ihn gemeinsam mit der Molke zu dem Orangenpüree.
3. Gib anschließend das Salbeiöl hinzu und vermenge alle Komponenten gründlich miteinander.
4. Wärme ein Handtuch vor und kämme die frischgewaschenen Haare durch.
5. Verteile die Haarmaske auf der Kopfhaut und bis in die Haarlängen und wickle die Haare in das warme Handtuch ein.
6. Lasse die Maske eine halbe Stunde lang einwirken und spüle sie anschließend gründlich aus.

Walnuss-Mandel-Haarmaske

Für trockenes Haar

Zutaten:

- 50 ml Mandelöl
- 30 ml Sonnenblumenöl
- 50 ml Walnussöl
- 30 ml Rizinusöl

Zubereitung:

1. Vermenge alle Ölsorten in einem geeigneten Behältnis miteinander.
2. Bringe Wasser zum Kochen und erwärme die Öl-Mischung in einem heißen Wasserbad. Rühre dabei regelmäßig um, damit die Ölsorten sich gründlich miteinander vermengen.
3. Wärme ein Handtuch vor und kämme die gewaschenen Haare gründlich durch.
4. Massiere nun die Öl-Maske von der Kopfhaut bis in die Haarspitzen ein und umwickle sie mit dem Handtuch.
5. Lasse die Maske 30 Minuten lang einwirken und spüle sie anschließend gründlich aus.

Heilerde-Haarmaske

Für fettiges Haar

Zutaten:

- Heilerde
- Wasser

Zubereitung:

1. Gib die Heilerde in ein geeignetes Behältnis und füge so lange unter Rühren Wasser hinzu, bis eine streichbare Konsistenz entsteht.
2. Erwärme ein Handtuch und wasche deine Haare. Kämme die Haare anschließend durch.
3. Verteile die Haarmaske gleichmäßig in den Haaren und wickle diese in das warme Handtuch ein.
4. Lasse die Haarmaske eine halbe Stunde lang einwirken und spüle sie anschließend gründlich aus.

Honig-Ingwer-Haarmaske

Für strapaziertes Haar

Zutaten:

- 5 Tropfen ätherisches Ingwer-Öl
- 1 Ei
- 1 Spritzer Zitronensaft
- 1 EL Walnussöl
- 1 TL Honig
- 1 EL Distelöl

Zubereitung:

1. Verquirle das Ei mit dem Distelöl sowie mit dem Walnussöl in einem geeigneten Behältnis.
2. Gib anschließend den Zitronensaft sowie den Honig hinzu und vermenge alle Komponenten.

3. Zum Schluss das Ingweröl hinzugeben und erneut vermengen.
4. Erwärme ein Handtuch und kämme die frischgewaschenen Haare gründlich durch.
5. Verteile die Haarmaske in den Haaren und massiere sie kurz in die Längen ein.
6. Umwickle die Haare mit dem warmen Handtuch und lasse die Maske eine halbe Stunde lang einwirken.
7. Spüle die Haarmaske anschließend gründlich aus.

Mandel-Bananen-Haarkur

Für strapaziertes Haar

Zutaten:

- 1 Banane
- einige Tropfen Mandelöl

Zubereitung:

1. Schäle die Banane und zerdrücke sie in einer Schüssel mithilfe einer Gabel zu Brei.
2. Gib das Mandelöl hinzu und vermenge dieses mit dem Bananen-Brei.
3. Erwärme ein Handtuch und kämme die frisch-gewaschenen Haare durch.
4. Verteile die Bananen-Haarmaske gleichmäßig in den Haaren und umwickle diese mit dem warmen Handtuch.
5. Lasse die Maske eine halbe Stunde lang einwirken und spüle sie anschließend gründlich aus.

Thymian-Haarmaske

Für trockene Kopfhaut und gegen Schuppen

Zutaten:

- 1 Tasse Wasser
- 2 EL Thymian

Zubereitung:

1. Vermenge das Wasser mit dem Thymian und koche beide Zutaten in einem Kochtopf auf.
2. Nimm den Thymian anschließend aus dem Sud und lasse diesen auskühlen.
3. Wärme ein Handtuch vor und kämme die frischgewaschenen Haare durch.
4. Halte deinen Kopf über das Waschbecken (der Abfluss sollte geschlossen sein) und kippe den Thymian-Sud vorsichtig über den Kopf in die Haarlängen.
5. Nimm den übrigen Sud, der im Waschbecken aufgefangen wurde und knete diesen in die Haarlängen ein.
6. Umwickle die Haare mit dem warmen Handtuch und lasse die Maske eine halbe Stunde lang einwirken.
7. Spüle die Haarmaske gründlich aus.

Reiswasser-Haarkur

Für normales Haar

Zutaten:

- 1 Tasse Reis
- Wasser

Zubereitung:

1. Gib den Reis in ein Behältnis und übergieße ihn mit so viel Wasser, dass der Reis vollkommen bedeckt ist. Rühre einige Male um und gieße das Wasser anschließend ab. Bei diesem Schritt handelt es sich nur um die Vorwäsche.
2. Bedecke den feuchten Reis erneut mit Wasser, diesmal jedoch mit der doppelten Menge, also zwei Tassen.
3. Rühre den Reis erneut um und lasse ihn mindestens eine halbe Stunde lang stehen. Du kannst den Reis auch hervorragend über Nacht stehen lassen.
4. Das Wasser wird im Verlaufe der halben Stunde trüb und leicht milchig. Rühre erneut um und gieße das Reiswasser in ein großes Glas ab. Der Reis lässt sich im Anschluss übrigens wie gewohnt kochen.
5. Kämme die gewaschenen Haare durch und erwärme ein Handtuch.
6. Halte den Kopf über das Waschbecken, dessen Abfluss verschlossen ist und gieße das Reiswasser vorsichtig über den Kopf bis in die Haarlängen. Nimm das aufgefangene Reiswasser mit den Händen auf und knete es in die Haarlängen ein.
7. Umschlinge die Haare mit dem Handtuch und lasse das Reiswasser eine halbe Stunde lang einwirken. Spüle die Maske anschließend gründlich aus.

Haarstyling

Haarpomade

Zutaten:

- 30 g Bienenwachs
- 45 g Sheabutter
- 60 ml Jojobaöl
- 5 Tropfen ätherisches Limettenöl

Zubereitung:

1. Schmilz das Bienenwachs in einem Wasserbad bei schwacher Hitzezufuhr.
2. Sobald das Bienenwachs geschmolzen ist, wird die Sheabutter hinzugefügt.
3. Füge anschließend das Jojobaöl hinzu und vermenge alle Zutaten gründlich miteinander.
4. Gib abschließend das ätherische Limettenöl hinzu, fülle die Masse in ein geeignetes Behältnis und lasse sie darin vollständig abkühlen.
5. Um die Pomade zu nutzen, nimmst du eine kleine Menge aus dem Behältnis und reibst diese so lange zwischen den Händen, bis keine Klumpen mehr vorhanden sind und die Pomade sich einfach verteilen lässt. Anschließend kannst du deine Haare stylen.

Haargel

Zutaten:

- 40 g Leinsamen
- 470 ml destilliertes Wasser
- 4 Tropfen ätherisches Lavendelöl
- 4 Tropfen ätherisches Ylang-Ylang-Öl
- 4 Tropfen ätherisches Rosmarinöl

Zubereitung:

1. Gib die Leinsamen mit dem Wasser in einen kleinen Kochtopf und koche beides auf.
2. Lasse die Leinsamen-Wasser-Mischung zehn Minuten lang köcheln und rühre gelegentlich um.
3. Nimm den Kochtopf vom Herd und lasse den Inhalt abkühlen.
4. Gieße das Wasser nun durch ein feinmaschiges Sieb oder durch ein Käsetuch und fange die Leinsamen auf.
5. Gib die ätherischen Öle in das Leinsamen-Wasser und rühre dieses gut um.
6. Lasse das Haargel zwei Stunden lang stehen, bis es anfängt, klebrig zu werden. Verschließe es anschließend luftdicht und bewahre es am besten im Kühlschrank auf.

Aloe Vera-Haarspray

Anti-Frizz

Zutaten:

- 240 ml destilliertes Wasser
- 1 EL Aloe Vera-Gel
- 5 Tropfen ätherisches Lavendelöl

Zubereitung:

1. Erwärme das Wasser, bis es eine lauwarme Temperatur erreicht hat.
2. Vermenge nun das Wasser mit dem Aloe Vera-Gel sowie dem ätherischen Öl in einem geeigneten Behältnis.
3. Fülle das Haarspray in eine Sprühflasche und schüttle diese vor Gebrauch immer gründlich.
4. Du kannst das Haarspray ins feuchte Haar oder (in kleinerer Menge) ins trockene Haar sprühen und es anschließend wie gewohnt stylen.

Beach-Waves-Spray

Zutaten:

- 240 ml destilliertes Wasser
- 2 EL Bittersalz
- ½ TL Himalaya-Salz oder Meersalz
- 1 TL Aloe Vera-Gel
- 5 Tropfen ätherisches Zitronenöl

Zubereitung:

1. Erhitze das destillierte Wasser. Es soll heiß sein, jedoch nicht kochen.
2. Gib das heiße Wasser in eine Sprühflasche und füge das Bittersalz, das Himalaya- oder Meersalz, das Aloe Vera-Gel sowie das ätherische Öl hinzu.
3. Verschließe die Flasche und schüttle sie für mindestens zwei Minuten, damit das Salz sich im Wasser auflöst und alle Zutaten sich miteinander vermengen.
4. Sprühe das Spray in dein handtuchtrockenes Haar und verknete dieses mit dem Handtuch. So formst du Wellen, die aussehen, als hättest du den Tag am Strand verbracht.

Natürliches Haarspray

Für starken Halt von Frisuren

Zutaten:

- 350 ml destilliertes Wasser
- 2 EL weißer Zucker
- 1 EL hochprozentiger Alkohol (z.B.: Wodka oder Rum)
- 10-15 Tropfen ätherisches Öl nach Belieben

Zubereitung:

1. Koche das Wasser in einem Topf auf und löse den Zucker darin auf. Nutze unbedingt weißen Zucker, denn mit braunem Zucker funktioniert dieses Rezept nicht.
2. Lasse das Wasser abkühlen und gib den Alkohol sowie das ätherische Öl hinzu und vermenge alle Komponenten miteinander.
3. Fülle die Flüssigkeit in eine Sprühflasche und benutze es wie ein herkömmliches Haarspray.

Leave-In-Spray

Zum Entwirren

Zutaten:

- 3 EL Eibischwurzel
- 355 ml destilliertes Wasser
- 10 Tropfen ätherisches Öl nach Wahl

Zubereitung:

1. Gib das Wasser mit der Eibischwurzel in einen Kochtopf und bringe beides zum Kochen.
2. Reduziere die Hitzezufuhr und lasse den Inhalt des Topfes 20-30 Minuten lang köcheln.
3. Lasse alles kurz abkühlen und passiere die Flüssigkeit durch ein Käsetuch oder ein feinmaschiges Sieb. Fange den Sud dabei auf und fülle ihn in eine Sprühflasche.
4. Gib das ätherische Öl ebenfalls in die Sprühflasche, verschließe diese und schüttle den Inhalt gut durch.
5. Schüttle das Leave-In-Spray immer gründlich vor der Nutzung und sprühe es in die frischgewaschenen, handtuchtrockenen Haarlängen.

Natürliche Haartönung

Selbst deine Haarfarbe kannst du auf natürliche Weise verändern. Selbstverständlich sind die Ergebnisse nicht mit jenen von herkömmlichen Tönungen oder Färbungen vergleichbar, jedoch hat die natürliche Haartönung mehrere Vorteile für dich: Einerseits nutzt du keine Chemie, keine künstlichen Zusatz- oder Duftstoffe und kein Mikroplastik, andererseits schadest du deinen Haaren mit einer natürlichen Färbung deutlich weniger und musst keine Angst vor Splissbildung, abgebrochenen oder verbrannten Haaren haben. Ein weiterer Grund ist, dass die natürliche Haartönung deutlich günstiger ist als die herkömmliche und ist schlussendlich sehr einfach umzusetzen. Probiere es doch einfach einmal aus!

Kräuter-Tönung

Für helleres Haar

Zutaten:

- ½ Tasse getrocknete Kamille
- 2 Tassen Wasser

Zubereitung:

1. Koche das Wasser auf und brühe damit die getrocknete Kamille auf. Du kannst hierfür sehr gut Kamillentee verwenden.
2. Lasse den Tee zehn Minuten lang ziehen und anschließend abkühlen.
3. Gieße den Sud ab und fange ihn auf.
4. Wasche deine Haare wie gewohnt und trockne sie mit einem Handtuch. Gieße nun den Kamillentee über deine Haare und massiere ihn in die Haarlängen ein. Lasse den Tee einwirken und massiere nach Belieben nach einigen Stunden erneut Tee in die Haare.
5. Wenn du während des Einwirkens in der Sonne sitzt, verstärkt sich die natürliche Aufhellung durch den Kamillentee.

Zitronen-Aufhellung

Für helleres Haar

Zutaten:

- 2 Zitronen

Zubereitung:

1. Halbiere die Zitronen und presse den Saft aus.
2. Fülle den Saft in eine Sprühflasche und besprühe damit die trockenen oder gewaschenen Haarlängen. Bürste deine Haare gründlich durch.
3. Lasse den Zitronensaft nun einwirken, bis deine Haare getrocknet sind. Auch hier helfen dir die Sonnenstrahlen dabei, den natürlichen Aufhellungseffekt zu verstärken.
4. Je nachdem, wie viel du deine Haare aufhellen möchtest, solltest du die Anwendung mit Zitronensaft alle paar Tage wiederholen.

Calendula-Haartönung

Für hellere Haare mit Goldtönen

Zutaten:

- 150 ml frischer Zitronensaft
- 500 ml starker Kamillentee
- 150 ml starker Calendula-Tee

Zubereitung:

1. Brühe die Tees auf und lasse sie für jeweils 15-20 Minuten ziehen.
2. Halbiere die Zitronen und presse den Saft aus.
3. Vermenge alle Flüssigkeiten in einer Sprühflasche oder einem geeigneten Behältnis miteinander.
4. Sprühe oder gieße dir die Haartönung über die Haare oder in die Haarlängen und lasse sie zwei Stunden lang einwirken. Anschließend solltest du die Haare waschen und die Tönung gründlich ausspülen.

5. Auch hier gilt: Das direkte Sonnenlicht verstärkt den Aufhellungseffekt. Die Haartönung kannst du mehrmals pro Woche anwenden, bis die gewünschte Aufhellung erreicht ist.

Rote Kräuter-Haartönung

Für erdbeerblondes Haar bei hellen Haaren oder kastanienbraunes Haar bei dunklen Haaren

Zutaten:

- 500 ml destilliertes Wasser
- 40 g Ringelblumenblüten
- 3 EL Hibiskus-Blüten (für eine Intensivierung der Rottöne)

Zubereitung:

1. Koche das Wasser auf und gib Ringelblumen sowie Hibiskus hinein. Lasse die Mischung auf mittlerer Hitzestufe mindestens eine halbe Stunde lang köcheln.
2. Seihe die Blumen ab und fülle den Sud in eine Sprühflasche. Bewahre ihn anschließend bis zur Nutzung im Kühlschrank auf.
3. Die Tönung solltest du als Haarspülung nach der Haarwäsche verwenden und nicht auswaschen.
4. Trockne die Haare nach dem Besprühen oder dem Spülen mit der Tönung und lasse sie anschließend im Idealfall in der Sonne trocknen. Wiederhole die Anwendung so oft, bis die gewünschte Farbe erreicht ist.

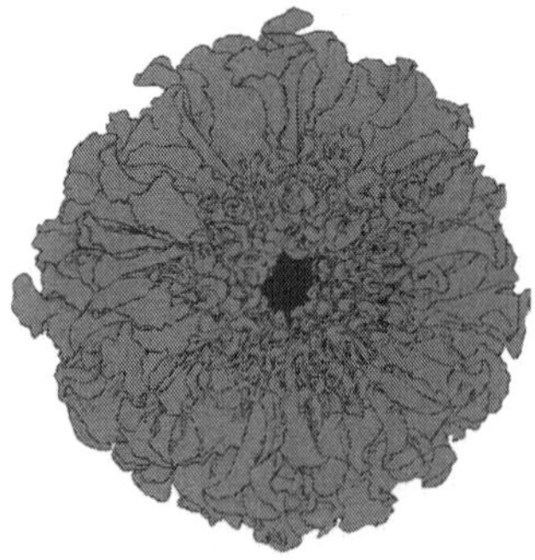

Abdunkelnde Kräuter-Haartönung

Für brauneres Haar

Zutaten:

- 15 g Brennnesselblätter
- 15 g Rosmarinblätter
- 15 g Salbeiblätter
- 600 ml destilliertes Wasser

Zubereitung:

1. Gib das Wasser gemeinsam mit der Brennnessel, dem Rosmarin und dem Salbei in einen Kochtopf und bringe alles zum Kochen.
2. Verringere die Hitzezufuhr und lasse alle Zutaten eine halbe Stunde lang köcheln.
3. Sobald das Wasser sehr dunkel geworden ist, nimmst du den Topf vom Herd und lässt die Flüssigkeit abkühlen.
4. Seihe die Kräuter ab und fange den Sud auf. Fülle diesen in eine Sprühflasche und bewahre diese bis zur Nutzung im Kühlschrank auf.
5. Besprühe deine Haare ungefähr eine Stunde vor der Haarwäsche und lasse die Haartönung so lange einwirken.
6. Alternativ kannst du die Haartönung auch nach der Haarwäsche als Spülung verwenden, denn sie steigert den Haarwuchs und bekämpft Schuppen.

Dunkle Haartönung

Für dunkelbraunes bis schwarzes Haar

Zutaten:

- 5 EL Schwarznusspulver
- 710 ml destilliertes Wasser

Zubereitung:

1. Gib das Schwarznusspulver in einen Teebeutel oder in ein Käsetuch und lege es mindestens sechs Stunden lang, am besten über Nacht, in das Wasser. Verschließe die Flüssigkeit im Idealfall in einem Einmachglas.
2. Nimm am nächsten Tag das Pulver aus dem Sud und gieße dieses in eine Sprühflasche.
3. Verwende die Haartönung, indem du sie nach der Haarwäsche mit der Flüssigkeit besprühst oder diese in die Haare gießt.
4. Anschließend bietet es sich an, die Haare in der Sonne trocknen zu lassen. Je dunkler deine Haare von Natur aus sind, desto stärker wird übrigens der Effekt.

Hautpflege

Gesicht

Gesichtswasser

- Kastilienseife: Bei diesem Produkt handelt es sich um eine natürliche Seifenbasis aus verseiften Bio-Ölen aus Kokos und Sonnenblumen. Dadurch, dass Kastilienseife einen milden pH-Wert hat, trocknet sie die Haut nicht aus und kann sogar als mildes Waschmittel verwendet werden.
- Hydrosol: Bei diesem seltsam klingenden Begriff handelt es sich schlussendlich um nichts anderes als Pflanzenwasser, welche durch einen intensiven Duft und eine hochwertige Wirkung beeindrucken. Dabei kannst du dein Hydrosol passend zu deiner Haut wählen: Hamamelis-Hydrosol wirkt reinigend und reinigend und adstringierend bei fettiger Haut, die zu Akne neigt. Rosen-Hydrosol hingegen hilft allen Hauttypen und wirkt beruhigend und pflegend. Wer unter gereizter Haut leidet, sollte zu Kamillen-Hydrosol greifen, denn dieses verbessert die Hautelastizität und hat eine antiseptische und antibakterielle Wirkung. Wer einen Sonnenbrand hat oder unter trockener Haut leidet, der sollte zu Gurken-Hydrosol greifen. Dieses Pflanzenwasser ist feuchtigkeitsspendend und kühlt. Muskatellersalbei-Hydrosol eignet sich hingegen für eine glattere Haut und beugt fettiger Haut vor. Schlussendlich ist auch das Geranium-Hydrosol sehr beliebt, denn es eignet sich für die Anwendung auf allen Hauttypen und wirkt beruhigend, ausgleichend und entzündungshemmend.

Hamamelis-Gesichtswasser mit Vitamin C

Zutaten:

- ½ TL natürliches Vitamin C-Pulver
- 60 ml Hamamelisextrakt
- 8 Tropfen ätherisches Lavendelöl

Zubereitung:

1. Fülle alle Zutaten in eine Glasflasche oder ein ähnliches geeignetes Behältnis und verschließe dieses. Schüttle die Flasche nun so lange, bis alle Zutaten sich miteinander vermengt haben.
2. Benutze das Gesichtswasser, nachdem du dir das Gesicht gewaschen hast, und verteile es mithilfe eines Wattepads oder Tuchs gleichmäßig auf der Haut.
3. Wasche das Gesichtswasser nicht ab und verwende es in der täglichen Hautpflege.

Apfelessig-Gesichtswasser

Zutaten:

- 2 TL Apfelessig
- 4 TL destilliertes Wasser

Zubereitung:

1. Gib den Apfelessig und das destillierte Wasser in ein geeignetes Behältnis und verschließe dieses. Schüttle die Flasche nun so lange, bis beide Komponenten sich miteinander vermengt haben.
2. Schüttle die Flasche vor jedem Gebrauch und gib eine kleine Menge auf ein Tuch oder ein Wattepad.
3. Tupfe das Gesichtswasser auf die Gesichtshaut. Achte jedoch darauf, die Augenpartie auszusparen, weil das Gesichtswasser die empfindliche Haut reizen könnte.
4. Lasse das Wasser einige Minuten lang einwirken und verwende im Anschluss deine gewohnte Feuchtigkeitscreme.

Klärender Gesichtsschaum

Zutaten:

- 240 ml destilliertes Wasser
- 60 ml flüssige Kastilienseife
- 5 TL Jojobaöl
- 2 EL roher Honig
- 1 TL Teebaumöl
- 15 Tropfen ätherisches Lavendelöl
- 10 Tropfen ätherisches Rosmarinöl

Zubereitung:

1. Gib zunächst das Wasser in ein geeignetes Behältnis.
2. Fülle nun die flüssige Kastilienseife sowie das Jojobaöl und den Honig hinzu und verrühre alle Komponenten miteinander.
3. Gib anschließend das Teebaumöl sowie die ätherischen Öle hinzu und rühre die Flüssigkeit um, bis sie trüb aussieht. Fülle dieses Gesichtswasser in einen Seifenspender.
4. Achte darauf, das Gesichtswasser vor der Verwendung immer zu schütteln.
5. Trage täglich 1-2 Pumphübe des Gesichtswassers auf ein Wattepad oder ein Tuch und reibe es leicht über deine Gesichtshaut. Spüle dein Gesicht anschließend mit klarem Wasser.

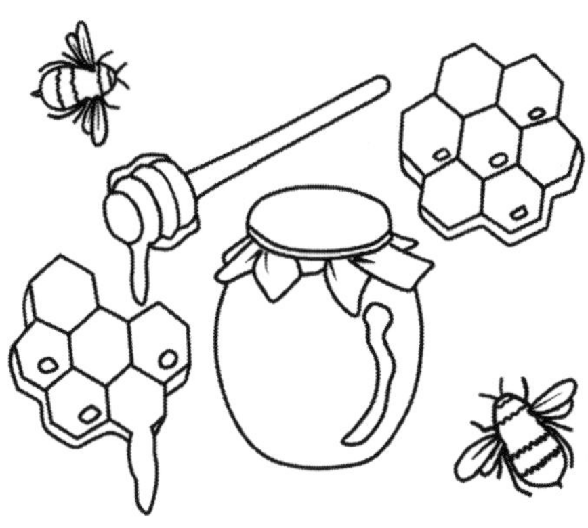

Hydrosol-Gesichtswasser

Individuell anpassbar – schau dir die Hydrosol-Beschreibung am Anfang des Kapitels an!

Zutaten:

- 155 ml flüssige Kastilienseife
- 20 Tropfen ätherisches Patschuli-Öl
- 45 Tropfen ätherisches Orangenöl
- 80 ml Hydrosol
- 2 TL süßes Mandelöl

Zubereitung:

1. Fülle das Mandelöl, die Kastilienseife sowie die ätherischen Öle in einen Seifenspender.
2. Schwenke das Behältnis, um alle Zutaten miteinander zu vermengen.
3. Gib nun das Hydrosol hinzu und schüttle die Flasche vorsichtig, damit sich nicht zu viel Schaum bildet.
4. Verwende das Gesichtswasser morgens und abends als Reinigungswasser.

Gesichtspeeling

Lavendel-Peeling mit Haferflocken

Sanft zur Haut

Zutaten:

- 45 g Haferflocken
- 1 EL Lavendelblüten, getrocknet
- 1 EL Backpulver
- 2 EL Meersalz oder Himalaya-Salz
- 7 Tropfen ätherisches Lavendelöl

Zubereitung:

1. Gib die Haferflocken, das Lavendelöl sowie die Lavendelblüten in eine Kaffeemühle oder einen Mörser und zerkleinere alle Zutaten eine Minute lang.
2. Gib die Zutaten in eine Schüssel und füge das Backpulver sowie das Salz hinzu. Vermenge alle Zutaten miteinander und fülle sie in ein geeignetes Behältnis.
3. Für die Nutzung des Peelings vermengst du zwei Teelöffel der trockenen Mischung mit 1½ Teelöffeln Wasser oder Milch in einer kleinen Schale und reibst dir mit der Masse vorsichtig über die Gesichtshaut.
4. Spüle das Peeling gründlich ab und pflege anschließend wie gewohnt mit deiner Tagescreme.

Grapefruit-Sugar-Scrup

Gegen Akne

Zutaten:

- 115 g Zucker
- 2 EL Kokosöl
- 3-5 Tropfen ätherisches Grapefruit-Öl
- 1 Tropfen ätherisches Weihrauch-Öl
- 1 Tropfen ätherisches Teebaumöl
- 1 kleiner Tropfen rote Lebensmittelfarbe

Zubereitung:

1. Erhitze das Kokosöl in einem Wasserbad, bis es eine flüssige Konsistenz bekommt.
2. Rühre den Zucker in das Kokosöl und gib anschließend die ätherischen Öle sowie die Lebensmittelfarbe (diese ist natürlich optional) hinzu.
3. Verrühre alle Zutaten gründlich miteinander und fülle sie anschließend in einen luftdichten Behälter und lasse sie darin auskühlen.
4. Für die Anwendung nimmst du eine kleine Menge des Peelings mit den Fingern oder einem Teelöffel aus dem Behältnis und verreibst es auf der feuchten Gesichtshaut. Spüle das Peeling gründlich ab und pflege anschließend wie gewohnt mit deiner Tagescreme.

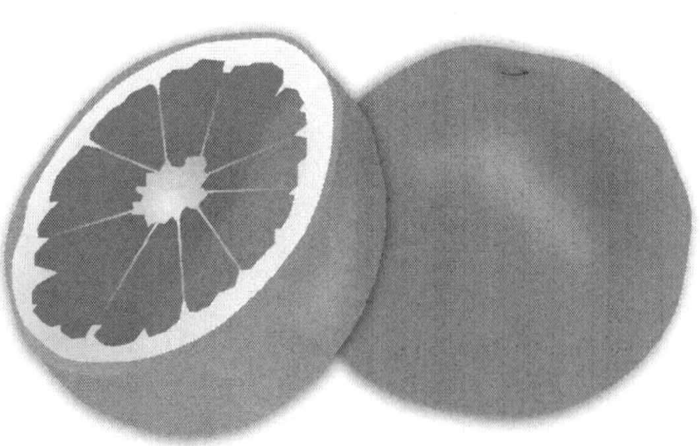

Honig-Peeling mit Zimt

Zutaten:

- 115 g Honig
- 30 g Backpulver
- 2 TL Zimt
- 5 Tropfen ätherisches Zitronenöl

Zubereitung:

1. Vermenge den Honig, das Backpulver und den Zimt, bis sich eine zähe Paste gebildet hat.
2. Gib anschließend das ätherische Öl hinzu und vermenge dieses mit den anderen Zutaten.
3. Bewahre das Peeling in einem luftdichten Behältnis auf.
4. Verwende das Peeling, indem du eine kleine Menge auf den Fingerspitzen verreibst und mit diesen in kreisförmigen Bewegungen über deine Gesichtshaut fährst.
5. Spüle das Peeling abschließend gründlich ab und pflege deine Haut mit deiner gewohnten Feuchtigkeitscreme.

Teebaumöl-Peeling

Gegen Akne

Zutaten:

- 2 EL Kokosöl
- ½ EL Backpulver
- 10 Tropfen ätherisches Teebaumöl

Zubereitung:

1. Schmilz das Kokosöl in einem heißen Wasserbad.
2. Vermenge es anschließend mit dem Backpulver und dem Teebaumöl zu einer zähen Paste.
3. Fülle das Peeling in ein luftdichtes Behältnis.

4. Verwende das Peeling unter anderem zum Entfernen von Make-Up oder zur Gesichtsreinigung. Dafür nimmst du eine kleine Menge mit einem Teelöffel oder sauberen Fingern aus dem Glas und massierst damit vorsichtig deine Gesichtshaut.
5. Reinige deine Haut anschließend gründlich mit Wasser und pflege sie mit deiner gewohnten Tagescreme.

Salziges Gesichtspeeling

Gegen fettige Haut

Zutaten:

- 2 EL raffiniertes Meersalz
- 1 TL Himalaya-Salz
- 1 EL roher Honig
- 1 EL Mandelöl

Zubereitung:

1. Vermenge alle Zutaten miteinander, bis eine zähe Paste entsteht, und fülle sie in ein luftdichtes Behältnis.
2. Entnimm für die Verwendung eine kleine Menge des Peelings mit sauberen Fingern oder einem Teelöffel und verreibe sie auf der befeuchteten Gesichtshaut. Reinige deine Haut anschließend mit Wasser und pflege sie mit einer Creme.
3. Alternativ kannst du das Peeling auch zehn Minuten lang einwirken lassen und es anschließend mit warmem Wasser abspülen.

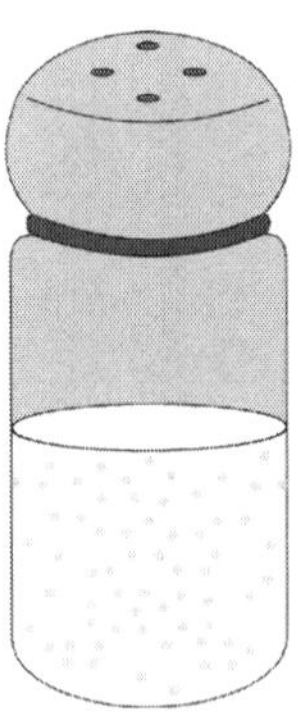

Kreuzkümmel-Gesichtspeeling

Mit antioxidativer Wirkung

Zutaten:

- 2 EL gemahlener Kreuzkümmel
- 125 g Zucker
- 1 EL roher Honig
- 55 ml Olivenöl
- 10 Tropfen ätherisches Teebaumöl
- 10 Tropfen ätherisches Süßorangenöl

Zubereitung:

1. Vermenge das Olivenöl, das Honig sowie die ätherischen Öle in einer geeigneten Schüssel.
2. Gib anschließend den Zucker und den Kreuzkümmel hinzu und verrühre alle Zutaten gründlich.
3. Fülle das Peeling in ein geeignetes, luftdichtes Behältnis.
4. Verwende das Peeling, indem du eine kleine Menge aus dem Behältnis nimmst und vorsichtig über die befeuchtete Gesichtshaus reibst. Reinige dein Gesicht anschließend mit warmem Wasser und pflege es.

Gesichtsmasken

Lavendel-Gesichtsmaske

Zutaten:

- 3 EL Bentonit
- 5 Kapseln Aktivkohle
- 1 EL Hibiskus-Pulver
- 2 TL Lavendel-Pulver

Zubereitung:

1. Verwende für diese Gesichtsmaske keine Metallwerkzeuge für die Herstellung, da diese die Ladung des Bentonit beeinträchtigen können. Greife stattdessen zu Holz-, Keramik- oder Kunststoff-Werkzeug.
2. Gib das Bentonit, das Hibiskus- und das Lavendel-Pulver in ein geeignetes Gefäß und leere die Aktivkohle-Kapseln ebenfalls in dieses aus.
3. Vermenge alle Zutaten gründlich miteinander und verstaue sie in einem luftdichten Behältnis.
4. Für die Verwendung vermengst du einen Esslöffel der trockenen Maske mit einem Esslöffel Wasser oder nach Belieben Tee. Trage die Maske auf das gereinigte Gesicht auf und lasse sie zehn Minuten lang einwirken. Spüle die Maske anschließend gründlich ab.

Honig-Reis-Gesichtsmaske

Zutaten:

- 1 EL Reismehl
- 1 Tropfen ätherisches Lavendelöl
- Manuka-Honig (alternativ flüssiger Honig)

Zubereitung:

1. Gib das Reismehl in ein geeignetes Behältnis.
2. Rühre nun eine kleine Menge des Honigs in das Reismehl, bis es eine zähe Konsistenz erhält.
3. Füge nun das ätherische Öl hinzu. Sollte die Maske zu flüssig sein, kannst du weiteres Mehl hinzugeben. Ist sie zu fest, verwendest du weiteren Honig.
4. Trage die Maske auf das feuchte Gesicht auf und lasse sie einige Minuten einziehen. Wasche dein Gesicht anschließend mit lauwarmem Wasser.

Blaubeer-Gesichtsmaske

Anti-Aging

Zutaten:

- ½ EL Blaubeeren
- 1 kernlose Traube
- ½ TL Zitronensaft
- ½ EL Manuka-Honig (alternativ flüssiger Honig)
- 1 EL Aloe Vera-Gel

Zubereitung:

1. Wasche die Blaubeeren und die Traube und gib beide Zutaten zusammen mit dem Zitronensaft in einen Standmixer.
2. Püriere alle Zutaten, bis sie eine breiige Konsistenz erhalten haben, und füge den Honig und das Aloe Vera-Gel hinzu. Vermenge alle Zutaten gründlich miteinander.

3. Trage die Maske auf die feuchte Gesichtshaut auf und lasse sie bis zu zehn Minuten lang einwirken. Spüle sie anschließend mit lauwarmem Wasser wieder ab. Die Blaubeeren können für Flecken auf heller Kleidung sorgen. Lege dir also am besten ein Handtuch über die Schultern.

Avocado-Bananen-Maske

Zutaten:

- ½ Avocado
- ½ sehr reife Banane
- 1 EL Olivenöl
- 3 Tropfen ätherisches Öl nach Belieben

Zubereitung:

1. Schäle die Banane und zerteile sie grob. Gib die Bananenstücke in eine Schüssel.
2. Halbiere die Avocado und nimm das Fruchtfleisch aus der Schale. Gib dieses ebenfalls zur Banane in die Schüssel.
3. Füge nun das Olivenöl und nach Belieben das ätherische Öl hinzu und püriere alle Zutaten mithilfe eines Pürierstabs, bis eine breiähnliche Konsistenz entsteht.
4. Trage die Maske auf die feuchte Gesichtshaut auf und lasse sie bis zu 15 Minuten lang einwirken. Spüle sie anschließend gründlich ab. Lege dir am besten ein Handtuch um die Schultern, damit die Maske keine Flecken auf deiner Kleidung hinterlässt.

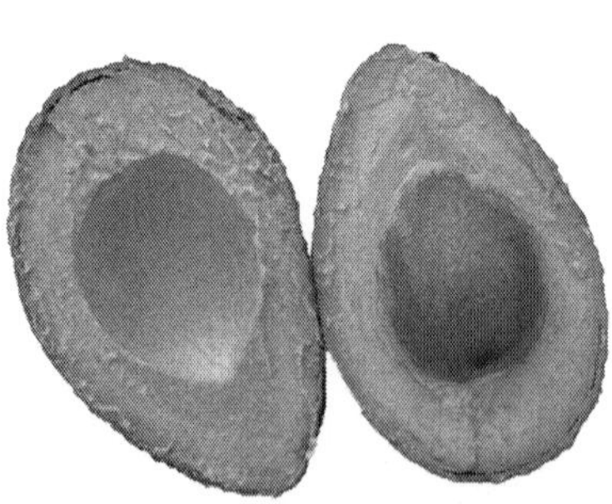

Matcha-Honig-Maske

Zutaten:

- 3 TL Matcha Grüntee
- 2 TL roher Honig
- 1 TL Kokosöl
- 1 TL destilliertes Wasser

Zubereitung:

1. Vermenge den Matcha-Tee, den Honig und das Kokosöl in einem geeigneten Behältnis, bis alle Komponenten gründlich miteinander vermischt sind.
2. Gib nach und nach kleine Mengen Wasser hinzu, um die Mischung zu verdünnen.
3. Trage die Maske auf die feuchte Gesichtshaut auf und lasse sie bis zu 20 Minuten lang einwirken. Wische sie anschließend mit einem feuchten Tuch ab und pflege deine Haut mit deiner gewohnten Feuchtigkeitscreme.

Bananen-Zimt-Maske

Zutaten:

- 2 TL Kokosöl
- 1 Eiweiß
- ½ Banane
- 1 TL Zimt
- 1 TL Honig
- ½ Avocado

Zubereitung:

1. Erwärme das Kokosöl, bis es eine flüssige Konsistenz hat.
2. Schäle die Banane und zerkleinere sie grob. Halbiere die Avocado und nimm das Fruchtfleisch aus der Schale, gib es ebenfalls zur Banane in ein geeignetes Behältnis.

3. Füge nun das flüssige Kokosöl, das Eiweiß, den Zimt sowie den Honig hinzu und verkleinere alle Zutaten mithilfe eines Pürierstabs, bis eine glatte Konsistenz entsteht.
4. Trage die Maske auf die feuchte Gesichtshaut auf und lasse sie trocknen. Anschließend mit warmem Wasser abspülen.
5. Sollte Gesichtsmaske übrigbleiben, kann diese ungefähr eine Woche lang im Kühlschrank aufbewahrt werden.

Teebaumöl-Maske

Für eine porentiefe Reinigung

Zutaten:

- 1 EL Bentonit
- 1 TL Zimtpulver
- 1 EL roher Honig
- 3 Tropfen ätherisches Teebaumöl
- 1 Zitrone

Zubereitung:

1. Gib das Bentonit, das Zimtpulver, den Honig sowie das Teebaumöl in ein geeignetes Behältnis und verrühre die Zutaten miteinander.
2. Halbiere die Zitrone und presse den Saft aus. Gib diesen ebenfalls in das Behältnis und verrühre die Zutaten, bis eine Paste entsteht.
3. Trage die Gesichtsmaske in einer dicken Schicht auf die gereinigte Haut und lasse sie zehn Minuten lang einwirken.
4. Sollte die Maske ein Kribbeln verursachen, ist dies ganz normal. Brennt deine Haut jedoch oder treten Hautreizungen auf, solltest du die Maske direkt entfernen und dein Gesicht gründlich reinigen.

Mokka-Schlammmaske

Zutaten:

- 1 TL ungesüßtes Kakaopulver
- 1 TL Bentonit
- ½ TL fein gemahlener Kaffee
- Wasser

Zubereitung:

1. Gib das Kakaopulver, den Kaffee sowie den Bentonit-Ton in ein geeignetes Behältnis und verrühre sie mithilfe eines Keramik-, Plastik- oder Holzlöffels miteinander. Verwende kein Metall!
2. Gib nun nach und nach kleine Mengen Wasser hinzu, bis die Zutaten sich zu einer Paste verbinden.
3. Trage die Gesichtsmaske auf die feuchte Gesichtshaut und nach Belieben im Dekolleté auf und lasse sie ungefähr 15 Minuten lang einwirken. Wasche die Maske anschließend mit lauwarmem Wasser wieder ab und massiere dabei den gemahlenen Kaffee in die Haut ein, um einen zusätzlichen Peeling-Effekt zu erhalten.

Aktivkohle-Gesichtsmaske

Gegen Mitesser

Zutaten:

- 1½ TL Bentonit
- ¼ TL Aktivkohle-Pulver (oder zwei Kapseln)
- 1 TL Apfelessig
- 1½ TL Wasser

Zubereitung:

1. Gib alle Zutaten in ein geeignetes Behältnis und vermenge sie miteinander, bis eine glatte Paste entsteht.
2. Wasche dein Gesicht mit Wasser und einer milden Gesichtsreinigung und tupfe es grob trocken.

3. Trage nun die Maske gleichmäßig auf und spare dabei die Augen- und Mundpartie aus.
4. Lasse die Maske sieben bis zehn Minuten lang einwirken, in der Zeit trocknet die Maske.
5. Spüle die Maske gründlich ab und pflege deine Haut mit einer Feuchtigkeitscreme.

Algen-Maske

Zutaten:

- ½ TL Chlorella-Pulver (alternativ Spirulina, dieses kann der Haut jedoch vorübergehend einen gelblichen Farbton verleihen)
- 1 EL Joghurt (Vollfett)
- 1 Tropfen ätherisches Jasmin-Öl

Zubereitung:

1. Gib das ätherische Öl sowie das Algen-Pulver in ein geeignetes Behältnis und vermenge beide Komponenten miteinander.
2. Gib nun den Joghurt hinzu und rühre erneut so lange um, bis alle Komponenten miteinander vermischt sind. Bei Bedarf kannst du Wasser hinzufügen, um die Konsistenz flüssiger zu gestalten.
3. Reinige dein Gesicht und streiche anschließend die Maske auf die Haut. Lasse sie eine Viertelstunde lang einwirken und spüle sie anschließend wieder ab.
4. Kreise beim Abwaschen der Maske mit den Fingerspitzen über deine Gesichtshaut. So erhältst du ein zusätzliches Peeling durch die Algen.

Gesichtscreme

Sheabutter-Creme

Für empfindliche Haut

Zutaten:

- 3 EL Sheabutter
- 3 EL Aprikosenöl
- 1 TL Vitamin E
- 1 TL Aloe Vera-Gel
- 5 Tropfen ätherisches Helichrysumöl
- 5 Tropfen ätherisches Myrreöl
- 3 Tropfen ätherisches Muskatellersalbeiöl

Zubereitung:

1. Gib die Sheabutter in eine Schüssel und schlage sie mit einem Stabmixer auf.
2. Gib anschließend das Aprikosenkernöl, das Vitamin E, das Aloe Vera-Gel sowie die ätherischen Öle hinzu und vermenge alle Zutaten miteinander.
3. Fülle die Creme in ein geeignetes Behältnis und bewahre sie an einem kühlen und trockenen Ort auf. Achte darauf, dass deine Creme keine Sonnenstrahlen abbekommt.
4. Die Creme ist sechs bis zwölf Monate lang haltbar.

Anti-Falten-Creme

Zutaten:

- 55 g Sheabutter
- 2 TL Kokosöl
- 2 TL Wildrosenöl
- 1 TL Vitamin E-Öl
- 5 Tropfen Sandelholz-Öl
- 2 TL Bienenwachspastillen

Zubereitung:

1. Gib die Sheabutter, das Kokosöl sowie das Bienenwachs in einen kleinen Topf und erwärme diesen über einem Wasserbad.
2. Vermenge die Zutaten miteinander, bis sie eine flüssige Masse ergeben.
3. Gib die Masse in den Kühlschrank, bis sie vollständig abgekühlt ist.
4. Gib nun das Wildrosenöl, das Vitamin E-Öl sowie das ätherische Öl hinzu und vermenge alle Komponenten miteinander.
5. Fülle die Creme in ein geeignetes, luftdichtes Behältnis und bewahren sie im Kühlschrank auf. Bei Raumtemperatur erreicht die Creme eine weichere Konsistenz, sie lässt sich jedoch auch leicht mit der Körperwärme der Hände schmelzen.

Mandel-Gesichtsserum

Feuchtigkeitsspendend

Zutaten:

- 2 EL Mandelöl
- 2 EL Jojobaöl
- 1 EL Emu-Öl
- 10 Tropfen ätherisches Weihrauchöl
- 10 Tropfen ätherisches Geranienöl
- 7 Tropfen ätherisches Helichrysumöl
- 7 Tropfen ätherisches Ylang-Ylang-Öl
- 7 Tropfen ätherisches Patchuliöl

Zubereitung:

1. Gib alle Komponenten in eine Tropfflasche oder ein ähnlich-geeignetes Behältnis und verschließe dieses.
2. Schüttle das Gefäß nun gründlich durch, um alle Komponenten miteinander zu vermengen.
3. Trage das Serum jeden Abend auf und denke immer daran, es vor Gebrauch zu schütteln.

Hagebutten-Feuchtigkeitscreme

Anti-Aging

Zutaten:

- 1 EL Bienenwachs
- 55 ml Mandelöl
- 10 Tropfen Vitamin E
- 2 EL Hagebuttensamenöl
- 7 Tropfen ätherisches Weihrauchöl
- 7 Tropfen ätherisches Patschuliöl

Zubereitung:

1. Gib das Bienenwachs sowie das Mandelöl in eine hitzebeständige Schüssel und erhitze diese in einem Wasserbad. Vermenge dabei beide Komponenten miteinander.
2. Lasse den Inhalt der Schüssel abkühlen und füge anschließend das Vitamin E sowie die ätherischen Öle hinzu. Vermenge alle Komponenten gründlich miteinander, bis eine einheitliche Masse entsteht.
3. Verwende die Creme vor dem Schlafengehen oder vor dem Auftragen von Make-Up.

Sanddorn-Creme

Gegen fettige Gesichtshaut

Zutaten:

- 1 TL Sanddornöl
- 115 ml Traubenkernöl
- 1 EL Bienenwachspastillen
- 2 TL Mangobutter
- 16 Tropfen Vitamin E-Öl
- 12 Tropfen ätherisches Geranienöl

Zubereitung:

1. Gib das Bienenwachs, das Traubenkernöl und die Mangobutter in eine hitzebeständige Schüssel.
2. Erhitze die Zutaten, indem du die Schüssel in ein warmes Wasserbad gibst und vermenge sie miteinander. Nimm die Schüssel aus dem Wasserbad und lasse sie im Kühlschrank abkühlen.
3. Füge anschließend das Vitamin E-Öl sowie das ätherische Öl hinzu, vermenge alle Komponenten erneut miteinander, bis eine glatte Konsistenz entsteht, und fülle die Creme in ein geeignetes, luftdichtes Gefäß.

Nachtcreme

Regenerierend

Zutaten:

- ½ TL Bienenwachs
- 1 TL Kokosöl
- 2 EL Mandelöl
- ½ TL Sheabutter
- 1 TL Vitamin E-Öl
- 55 g Aloe Vera-Gel
- 1 TL Honig
- ½ TL Bentonit
- 5-10 Tropfen ätherisches Zitronenöl

Zubereitung:

1. Gib das Bienenwachs, das Kokosöl, das Mandelöl sowie die Sheabutter in eine hitzebeständige Schüssel und erwärme diese vorsichtig über einem Wasserbad.
2. Vermenge die vier Komponenten miteinander und stelle sie anschließend zum Abkühlen beiseite.
3. Gib nun in eine zweite Schüssel das Vitamin E-Öl sowie das Aloe Vera-Gel und Zitronenöl und vermenge auch diese Komponenten miteinander.
4. Fülle die Inhalte beider Schüsseln in einen Standmixer und mixe die Zutaten, bis eine einheitliche Masse entsteht. Gib nun das Bentonit hinzu und rühre dieses (ohne Metallwerkzeuge zu nutzen) unter.

Nachtkerzen-Creme

Gegen Hautunreinheiten

Zutaten:

- 5 g Nachtkerzenöl
- 45 ml Kokosöl
- 3 Tropfen ätherisches Teebaumöl

Zubereitung:

1. Erhitze das Kokosöl in einem Wasserbad, bis es geschmolzen ist.
2. Nimm es anschließend aus dem Wasserbad hinaus und gib das Nachtkerzenöl sowie das ätherische Teebaumöl hinzu.
3. Vermenge alle Komponenten gründlich miteinander und fülle die Creme in ein geeignetes Behältnis.
4. Lasse die Creme auskühlen und bewahre sie luftdicht auf.

Milchcreme

Gegen trockene Haut

Zutaten:

- 50 ml Mandelöl
- 50 ml Avocadoöl
- 50 ml Vollmilch
- 10 Tropfen ätherisches Weihrauchöl
- ½ TL Honig

Zubereitung:

1. Gib alle Zutaten, bis auf das Weihrauchöl, in eine große Schüssel und vermenge sie miteinander.
2. Nimm nun einen Pürierstab oder einen Milchaufschäumer zur Hand und schlage die Flüssigkeit solange, bis eine cremige Konsistenz entsteht.
3. Rühre nun das Weihrauchöl unter und fülle die Creme in ein geeignetes Gefäß ab. Verschließe die Milchcreme luftdicht und bewahre sie am besten im Kühlschrank auf.

Körper

Seife

Für die Herstellung deiner eigenen Seife benötigst du in der Regel nicht viele und vor allem nicht viele unbekannte Zutaten. Einige Grundzutaten für die Seife wirst du jedoch im Regelfall nicht im Regal bei dir zuhause stehen lassen. Schauen wir uns einmal genauer an, was für die Produktion von naturkosmetischer Seife wichtig ist und wo die unbekannten Inhaltsstoffe herkommen.

- *Glycerin-Rohseife:* Für viele Rezepte wird Glycerin-Rohseife als Grundzutat benötigt. Dabei entsteht Glycerin als ein Nebenprodukt der Biodieselerzeugung aus Raps und ist somit eine rein pflanzliche Komponente. Glycerin wird dabei seit langer Zeit schon in der Kosmetik verwendet, denn es bietet einen guten Schutz für unsere Hautbarriere und beschleunigt, wie neue Studien belegen, sogar nachweislich die Erhöhung der Hautelastizität. Der Inhaltsstoff hat eine sehr gute biologische Abbaubarkeit und eignet sich auch für Allergiker – hier sind wir also auf der sicheren Seite!
- *Kernseife:* Für die Herstellung von Flüssigseifen wirst du Kernseife benötigen. Diese entsteht durch eine Verseifung von Fetten (dies können tierische Fette wie Schweine- oder Knochenfett oder Pflanzenöle mit Natronlauge sein – wir setzen in der Naturkosmetik natürlich auf die pflanzliche Alternative). Kernseife wirkt antiseptisch und kann bereits allein für das Händewaschen verwendet werden, da sie die reinigenden Eigenschaften von Tensiden besitzt. Darüber hinaus gilt Kernseife als die pure Seife schlechthin, ohne Zusatzstoffe, Duftstoffe oder überflüssigem Fett, weswegen auch sie sich für Allergiker eignet.
- *Seifenfarbe:* Die Seifenfarben, die in den nachfolgenden Rezepten angegeben sind, sind ausschließlich dazu da, die Optik deiner selbsthergestellten Seife zu verändern und diese somit mehr ihren Inhaltsstoffen anzupassen. Damit deine Seifen an Farbe gewinnen, musst du übrigens nicht zu synthetischen Stoffen greifen, denn hier gibt es eine Vielzahl an rein pflanzlichen Alternativen, die du entweder schon gebrauchsfertig

erwerben oder mithilfe von Tonerde, Holundersaft oder anderen Pflanzenmaterialien selbst herstellen kannst.

- *Getrocknete Blüten/getrocknetes Obst:* In einigen Seifenrezepten wirst du getrocknete Blüten oder getrocknete Orangenscheiben als Zutaten finden. Diese Komponenten kannst du natürlich selbst herstellen oder erwerben. Achte immer darauf, dass keine Restfeuchtigkeit in Blüten oder Obst zu finden ist, da diese die Qualität und die Haltbarkeit deiner Seifen negativ beeinflussen kann.

Honig-Seife mit Peeling-Effekt

Zutaten:

- 3 EL zarte Haferflocken
- 150 g Glycerin-Rohseife opak
- 1 TL Honig
- 1 EL Jojobaöl

Zubereitung:

1. Schneide die Rohseife in kleine Stücke und schmilz diese (nach Angaben der Verpackung) in einem Wasserbad.
2. Rühre anschließend das Jojobaöl sowie den Honig ein.
3. Gib die Haferflocken in eine Seifenform und gieße die Seifenmasse über diese.
4. Lasse die Seife vollkommen aushärten, bevor du sie aus der Form löst.

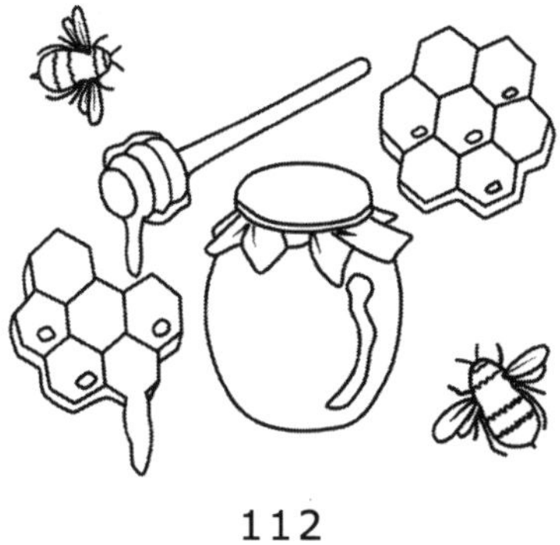

Avocado-Kokos-Seife

Zutaten:

- 3-5 Tropfen grüne Seifenfarbe (nach Belieben)
- 150 g Glycerin-Rohseife opak
- 1 EL Kokosöl
- 1 EL Avocadoöl

Zubereitung:

1. Schneide die Rohseife in kleine Stücke und lasse diese über einem Wasserbad schmelzen.
2. Rühre anschließend das Avocado- und Kokosöl unter und färbe deine Seife nach Belieben mit grüner Seifenfarbe.
3. Gieße die Seife in Seifenformen und lasse die Masse vollständig aushärten, bevor du sie aus den Formen stürzt.

Wildrosenseife

Zutaten:

- rote Seifenfarbe
- 150 g Glycerin-Rohseife opak
- 1 EL Wildrosenöl
- 20-30 Tropfen ätherisches Rosenöl

Zubereitung:

1. Schneide zunächst die Rohseife in kleine Würfel und schmilz diese nach Angaben der Verpackung über einem heißen Wasserbad.
2. Rühre nun das ätherische Öl sowie das Wildrosenöl unter die Rohseife.
3. Färbe nach Belieben mit der roten Seifenfarbe.
4. Gib die Masse in Seifenformen und lasse sie vollkommen aushärten, bevor du sie aus der Form stürzt.

Orangenseife

Zutaten:

- orange Seifenfarbe
- 500 g Glycerin-Rohseife
- getrocknete Orangenscheiben
- 20-30 Tropfen ätherisches Orangenöl

Zubereitung:

1. Zerkleinere die Seifenmasse und schmilz diese nach Anweisungen der Verpackung über einem Wasserbad.
2. Rühre das ätherische Öl sowie, nach Belieben, die Seifenfarbe in die flüssige Rohseife ein.
3. Gib nun die Hälfte der Seifenmasse in die Seifenformen und lasse sie kurz abkühlen.
4. Lege nun die Orangenscheiben in die abgekühlte Masse und übergieße sie mit der restlichen Seifenmasse.
5. Lasse die Seife vollkommen auskühlen, bevor du sie aus der Form stürzt.

Lavendelseife

Zutaten:

- getrocknete Lavendelblüten
- 150 g Glycerin-Rohseife
- 1-2 TL ätherisches Lavendelöl
- 1 EL Jojobaöl

Zubereitung:

1. Schneide die Seife in kleine Stücke und schmilz diese über einem Wasserbad.
2. Rühre das Jojobaöl und das ätherische Öl unter die flüssige Seife.

3. Streue nun einige Lavendelblüten ein und rühre diese unter die Seife.
4. Gib die flüssige Seife in Förmchen und lasse sie vollkommen aushärten, bevor du sie stürzt.

Schwarze Seife mit Asche

Zutaten:

- 3-5 Tropfen Jasmin-Öl
- 150 g Glycerin-Rohseife opak
- 1 EL Palmfrucht-Asche
- 2 EL Karité-Butter
- 1 EL schwarzes Palmöl

Zubereitung:

1. Schneide die Rohseife klein und schmilz sie nach Angaben der Verpackung über einem Wasserbad.
2. Gib nun die Butter hinzu und löse diese unter Rühren in der flüssigen Seife auf.
3. Nun das Palmöl und die Palmfrucht-Asche unterrühren und das Jasmin-Öl hinzugeben.
4. Alle Zutaten gründlich miteinander vermengen und anschließend in Seifenformen gießen.
5. Lasse die Seife gründlich aushärten, bevor du sie aus den Formen stürzt.

Oliven-Rosmarin-Seife

Zutaten:

- 10-20 Tropfen ätherisches Rosmarin-Öl
- 500 g Glycerin-Rohseife opak
- 5 EL kaltgepresstes Olivenöl

Zubereitung:

1. Schneide die Rohseife in Würfel und schmilz diese über einem Wasserbad.
2. Gib nun das Olivenöl sowie das ätherische Rosmarin-Öl hinzu und vermenge alle Komponenten gründlich miteinander.
3. Gieße die Seifenmasse in Seifenformen und lasse die Oliven-Rosmarin-Seife vollkommen aushärten, bevor du sie stürzt.

Tropische Kokos-Seife

Zutaten:

- 2 EL Kokosmilch
- 250 g Glycerin-Rohseife opak
- 3 EL Kokosöl

Zubereitung:

1. Zerkleinere die Rohseife und schmilz sie in einem Wasserbad.
2. Rühre die Kokosmilch sowie das Kokosöl unter. Das Kokosöl benötigt je nach Temperatur einen längeren Zeitraum, um flüssig zu werden und sich aufzulösen.
3. Gieße die flüssige Seife in Formen und lasse sie vollkommen aushärten, bevor du sie aus den Seifenformen stürzt.

Flüssige Mandel-Seife

Zutaten:

- 20 Tropfen ätherisches Öl nach Wahl
- 10 g Kernseife
- 200 ml destilliertes Wasser
- 1 EL Mandelöl

Zubereitung:

1. Erhitze das Wasser und löse die Kernseife darin unter ständigem Rühren auf.
2. Gib nun die ätherischen Öle sowie das Mandelöl hinzu und vermenge alle Komponenten gründlich miteinander.
3. Lasse die Seifenmasse abkühlen. Ist die Konsistenz zu flüssig, kannst du ein weiteres Stück Kernseife einrühren. Ist die Konsistenz zu fest, kannst du weiteres destilliertes Wasser hinzugeben.
4. Die Seife abschließend noch einmal durchrühren und in einen Seifenspender füllen.

Teebaum-Kamille-Seife

Zutaten:

- 15-20 Tropfen ätherisches Teebaumöl
- 150 g Glycerin-Rohseife
- 15-20 Tropfen ätherisches Kamillenöl
- 1,5 EL Jojobaöl

Zubereitung:

1. Zerkleinere die Rohseife mit einem Messer und schmilz diese in einem Wasserbad.
2. Gib nun das ätherische Teebaumöl, das ätherische Kamillenöl sowie das Jojobaöl hinzu und vermenge alle Komponenten gründlich miteinander.
3. Fülle die flüssige Seife in Formen und lasse die Masse komplett aushärten.

Kaffee-Mandel-Seife

Zutaten:

- Rosmarinnadeln
- 150 g weiße Kernseife
- 2 EL destilliertes Wasser
- 1 EL gemahlene Kaffeebohnen
- 2 EL Mandelöl
- 1-2 Tropfen ätherisches Rosmarin-Öl
- 2 EL kalter Kaffee

Zubereitung:

1. Reibe die Kernseife fein und gib sie mit dem Wasser in einen Topf.
2. Schmilz die Seife nun unter Rühren und gib anschließend den kalten Kaffee sowie das Mandelöl hinzu.
3. Rühre anschließend das ätherische Rosmarin-Öl unter.
4. Hacke die Rosmarinnadeln mit einem Messer fein und gib diese gemeinsam mit den gemahlenen Kaffeebohnen ebenfalls unter die Seife.
5. Vermenge alle Komponenten miteinander und fülle die flüssige Seife in Formen.
6. Stürze die Seifenformen erst, wenn die Seife vollkommen ausgehärtet ist.

Ingwer-Möhren-Seife

Zutaten:

- 10 Tropfen ätherisches Orangenöl
- 150 g Kernseife
- 2 EL destilliertes Wasser
- 1 EL Möhrensaft
- 3 EL neutrales Pflanzenöl (nach Belieben)
- 1 cm Ingwer

Zubereitung:

1. Schäle den Ingwer und reibe ihn fein. Drücke den Saft aus und fange diesen auf.
2. Reibe die Kernseife ebenfalls fein und gib sie mit dem Wasser in einen Topf.
3. Schmilz die Kernseife unter Rühren und gib anschließend das Pflanzenöl hinzu.
4. Rühre nun den Ingwersaft sowie den Möhrensaft ein.
5. Gib anschließend das ätherische Orangenöl hinzu und vermenge alle Komponenten gründlich miteinander.
6. Fülle die flüssige Seife in Formen und lasse sie vollkommen aushärten.

Vanilleseife

Zutaten:

- getrocknete Blüten (nach Belieben)
- 150 g Glycerin-Rohseife opak
- 1 EL Jojobaöl
- 5-10 Tropfen ätherisches Vanille-Öl
- ½ Vanilleschote

Zubereitung:

1. Schneide die Seife in Würfel und schmilz diese in einem Wasserbad.
2. Halbiere die Vanilleschote längst und kratze das Mark heraus.
3. Gib das Vanille- und Jojobaöl zur flüssigen Seife und rühre beide Zutaten gründlich unter.
4. Gib nun das Vanillemark hinzu und rühre dieses ein.
5. Lege eine Kastenform mit Alufolie aus und streue die getrockneten Blüten auf diese.
6. Gieße nun die flüssige Seife über die Blüten und lasse die Masse aushärten.
7. Stürze die Seife anschließend und schneide sie in beliebig große Stücke.

Weihnachtliche Orangen-Seife mit Zimt

Zutaten:

- 1 Prise Zimt
- 300 g Glycerin-Rohseife opak
- getrocknete Orangenscheiben
- 50 Tropfen ätherisches Orangenöl
- orange Seifenfarbe

Zubereitung:

1. Schneide die Rohseife klein und schmilz diese über einem Wasserbad.
2. Gib nun das Orangenöl sowie die orange Farbe hinzu und rühre beide Zutaten gründlich unter.
3. Lege nun eine Kastenform mit Alufolie aus und gieße die Hälfte der Seifenmasse hinein.
4. Gib die getrockneten Orangenscheiben auf die Masse und übergieße sie mit der restlichen Seife.
5. Streue eine Prise Zimt über die Seife und lasse diese aushärten.
6. Stürze die Seife und schneide sie in beliebig große Stücke.

Marmorierte Seife

Zutaten:

- violette Seifenfarbe
- 200 g Glycerin-Rohseife opak
- 20 Tropfen ätherisches Lavendel-Öl
- 2 EL Mandelöl

Zubereitung:

1. Schneide die Rohseife in Stücke und lasse diese über einem Wasserbad unter Rühren schmelzen.
2. Gib nun das Lavendel- sowie das Mandelöl hinzu und rühre beide Komponenten unter.
3. Nimm ein Drittel der Seifenmasse ab und gib sie in ein zweites Gefäß.
4. Rühre die violette Seifenfarbe unter.
5. Gib die helle Seifenmasse in Seifenformen.
6. Tropfe nun die violette Seifenmasse über die helle Seife und verwirble die Tropfen mithilfe eines Holzstäbchens oder Metallspatels.
7. Lasse die Seife vollkommen aushärten, bevor du sie stürzt.

Duschgel

Um Duschgel herzustellen, benötigt es in der Regel nicht viele Zutaten. Einige Zutaten könnten dir jedoch nicht bekannt vorkommen, weswegen du hier eine kurze Erklärung findest, was die fremdklingenden Begriffe bedeuten und wofür sie in deiner Naturkosmetik wichtig sind.

- *Betain (als Tensid):* Bei Betain handelt es sich um ein Nebenprodukt der Zuckerproduktion, denn es wird unter anderem aus der Melasse der Zuckerrübe gewonnen. Hier handelt es sich um einen sekundären Pflanzenstoff, der in der Hautpflege konditionierend und vor Austrocknungen und Irritationen schützend wirkt. Darüber hinaus wird das Betain in der Naturkosmetik als Tensid benutzt. Das bedeutet, dass es schaumstabilisierend wirkt und dafür sorgt, dass du ein angenehmes Waschgefühl während der Dusche erlebst. In Shampoo und Conditioner verwendet, erhöht Betain die Griffigkeit der Haare. Betain kannst du in gutsortierten Drogeriemärkten oder online erstehen.
- *Xanthan:* Bei Xanthan handelt es sich um ein natürlich vorkommendes Polysaccharid. Das bedeutet, dass der Inhaltsstoff aus verschiedenen Einzelzuckern aufgebaut ist. Tatsächlich wird Xanthan von einer Bakterienart, der Xanthomonas campestris, und ihren Mikroorganismen produziert, indem Zucker in Xanthan umgewandelt wird. Xanthan wirkt in Naturkosmetik bindend, emulgierend und emulsionsstabilisierend. Darüber hinaus pflegt die Substanz die Haut. Du erhältst Xanthan in gutsortierten Drogeriemärkten oder online.
- *pH-neutrale Seife:* pH-neutral bedeutet, dass eine Seife weder basisch noch sauer ist. Hier kann eine Kernseife nicht verwendet werden, da diese einen pH-Wert von 8 oder höher hat. Du findest pH-neutrale Seife aber in allen Drogeriemärkten oder im Supermarkt. Auf den jeweiligen Produkten sollte ausgeschrieben sein, dass sie pH-neutral sind.

Mandel-Teebaumöl-Duschgel

Zutaten:

- 10-15 Tropfen Teebaumöl
- 40 ml Betain
- 1 gestr. TL Xanthan
- 200 ml destilliertes Wasser
- 2 EL Mandelöl

Zubereitung:

1. Das Wasser mit dem Xanthan vermengen und mithilfe eines Pürierstabs pürieren.
2. Nun das Betain einrühren und das Mandelöl sowie das Teebaumöl hinzugeben.
3. Alle Zutaten gründlich miteinander vermengen und kühl lagern.
4. Das Duschgel sollte vor jedem Gebrauch gründlich durchgeschüttelt werden. Außerdem solltest du darauf achten, dass dir das Duschgel nicht in die Augen oder den Mund läuft, da das Teebaumöl Reizungen hervorrufen kann.

Frisches Pfefferminz-Duschgel

Zutaten:

- 5-10 ätherisches Minzöl
- 100 g geriebene Kernseife
- 200 ml Pfefferminztee
- ätherisches Eukalyptusöl

Zubereitung:

1. Brühe den Pfefferminztee auf und lasse diesen zehn Minuten lang ziehen.
2. Reibe währenddessen die Kernseife fein.

3. Rühre nun die Kernseife in den Pfefferminztee ein, bis diese sich vollständig aufgelöst hat.
4. Gib anschließend das ätherische Minzöl sowie einige Tropfen des Eukalyptusöls hinzu und vermenge alle Komponenten gründlich miteinander.
5. Lasse das Duschgel vollkommen abkühlen.
6. Fülle das Duschgel in ein geeignetes Behältnis ab und denke daran, es vor Gebrauch gut zu schütteln.

Kamillen-Duschgel mit Meersalz

Zutaten:

- 5 Tropfen ätherisches Öl nach Wahl
- 150 ml destilliertes Wasser
- 2 EL Aprikosenkernöl
- 100 ml Kamillensud
- 25 g pH-neutrale Seife (nicht Kernseife, diese ist nicht pH-neutral)
- 20 g Meersalz

Zubereitung:

1. Reibe die Seife mithilfe einer Handreibe fein.
2. Vermenge den Kamillensud mit dem destillierten Wasser und löse das Meersalz darin unter Rühren auf.
3. Erhitze die flüssigen Komponenten und löse die geriebene Seife darin vollständig auf.
4. Gib nun das ätherische Öl sowie das Aprikosenkernöl hinzu und vermenge alle Zutaten gründlich miteinander.
5. Lasse das Duschgel vollkommen abkühlen und einige Stunden ruhen, bevor du es in ein geeignetes Behältnis füllst.
6. Denke daran, das Duschgel vor Gebrauch gründlich zu schütteln.

Zitronen-Duschgel

Zutaten:

- ätherisches Orangenöl
- 40 ml Zitronenöl
- 1 Zitrone
- 200 ml destilliertes Wasser
- 20 g pH-neutrale Seife
- neutrales Pflanzenöl (z.B.: Olivenöl, Sonnenblumenöl)

Zubereitung:

1. Entferne die Schale von der Zitrone und übergieße diese mit dem neutralen Pflanzenöl. Gib die Masse in einen verschließbaren Behälter und lasse sie drei bis vier Tage lang ziehen. Schüttle das Behältnis ein bis zwei Mal am Tag gründlich durch.
2. Nachdem das Öl gründlich durchziehen konnte, die Schalen entfernen und das Öl in einem Behältnis auffangen.
3. Die Seife mithilfe einer Handreibe feinreiben.
4. Das Wasser erhitzen und die Seife darin vollkommen auflösen.
5. Nun das Zitronenöl sowie das selbsthergestellte Zitronenöl hinzugeben und einrühren.
6. Das ätherische Orangenöl ebenfalls unterrühren und das Duschgel abkühlen und einige Stunden ruhen lassen.
7. Fülle das Duschgel in ein geeignetes Behältnis ab und denke daran, es vor jedem Gebrauch gut zu schütteln.

Granatapfel-Duschgel mit Mandelöl

Zutaten:

- ½ g Granatapfelextrakt
- 40 g Betain als Tensid
- 2 EL Mandelöl
- 2 gestr. TL Xanthan
- 200 ml destilliertes Wasser

Zubereitung:

1. Das Xanthan in dem Wasser verrühren und mithilfe eines Pürierstabs pürieren.
2. Anschließend das Betain nach und nach hinzugeben und einrühren.
3. Gib nun den Granatapfelextrakt hinzu und rühre das Mandelöl ebenfalls ein.
4. Vermenge alle Zutaten gründlich miteinander und gib das Duschgel anschließend in ein geeignetes Behältnis.
5. Denke daran, das Duschgel vor der Nutzung gründlich zu schütteln.

Grünes Apfel-Duschgel

Zutaten:

- grüne Lebensmittelfarbe
- 10 g Kernseife
- 2 EL Weizenkeimöl
- 200 ml Apfelschalentee
- 5 EL Apfelschalen
- 200 ml Wasser

Zubereitung:

1. Das Wasser aufkochen und über die Apfelschalen geben. Lasse diese anschließend eine halbe Stunde lang ziehen.

2. Trenne die Apfelschalen von dem Wasser und fange das Wasser auf.
3. Reibe die Seife fein und erhitze das Apfelschalen-Wasser.
4. Gib nun die Seifenraspeln in das Apfelschalen-Wasser und löse die Seife vollständig unter Rühren auf.
5. Gib nun das Weizenkeimöl und einige Tropfen der Lebensmittelfarbe hinzu und vermenge alle Komponenten gründlich miteinander. Lasse das Duschgel abkühlen und einige Stunden lang ziehen.
6. Gieße das Duschgel in ein geeignetes Behältnis und denke daran, es vor der Nutzung gründlich durchzuschütteln.

Ringelblumen-Duschgel mit Honig

Zutaten:

- 3 EL Bio-Bienenhonig
- 10 g Kernseife
- 2 EL Ringelblumenöl
- 200 ml Ringelblumensud
- Ringelblumenblüten, getrocknet
- neutrales Pflanzenöl (z.B.: Sonnenblumen- oder Olivenöl)

Zubereitung:

1. Die Ringelblumenblüten mit dem Pflanzenöl vermengen und drei Wochen lang in einem geschlossenen Behälter ziehen lassen, dabei einmal am Tag gründlich durchschütteln.
2. Anschließend den Sud auffangen und die Ringelblumenblüten entfernen.
3. Reibe nun die Kernseife fein und erhitze den Ringelblumensud.
4. Löse die Seife vollständig in dem Sud auf und gib anschließend das selbstgemachte Ringelblumenöl sowie das fertige Ringelblumenöl und den Bienenhonig hinzu und vermenge alle Zutaten gründlich miteinander.
5. Lasse das Duschgel erkalten und einige Stunden lang ruhen und gib es anschließend in einen geeigneten Behälter.
6. Schüttle das Duschgel gründlich vor jeder Nutzung.

Salbei-Duschgel

Zutaten:

- 5-10 Tropfen ätherisches Salbeiöl
- 40 ml Betain als Tensid
- 200 ml Salbeitee
- 1 gestr. TL Xanthan
- 2 EL Pflanzenöl

Zubereitung:

1. Brühe den Salbeitee auf und lasse ihn gründlich durchziehen.
2. Vermenge den Tee nun mit dem Xanthan und püriere beide Zutaten gründlich mithilfe eines Pürierstabs.
3. Rühre nach und nach das Betain unter.
4. Gib anschließend das Salbeiöl sowie das Pflanzenöl hinzu und vermenge alle Komponenten gründlich miteinander.
5. Fülle das Duschgel in ein geeignetes Behältnis ab und bewahre es an einem kühlen Ort auf. Denke daran, es vor Gebrauch immer gründlich zu schütteln.

Kokosmilch-Duschgel

Zutaten:

- 1 gestr. TL Xanthan
- 40 ml Betain
- 50 m ungesüßte Kokosmilch
- 1 EL Kokosöl
- 150 ml destilliertes Wasser

Zubereitung:

1. Gib das Xanthan in das Wasser und püriere beide Komponenten gründlich.

2. Erhitze ein Wasserbad und gib das Kokosöl in ein geeignetes Behältnis. Schmilz anschließend das Kokosöl über dem Wasserbad.
3. Vermenge das Kokosöl mit dem Betain und gib anschließend die Kokosmilch hinzu. Vermenge alle Komponenten gründlich miteinander.
4. Vermenge nun die Kokosöl-Mischung mit dem Wasser-Xanthan-Gemisch und fülle das Duschgel in ein geeignetes Behältnis ab.
5. Bewahre dieses Duschgel im Kühlschrank auf und schüttle es vor Gebrauch gründlich.

Lavendel-Oliven-Duschgel

Zutaten:

- 10 Tropfen ätherisches Lavendelöl
- 2 TL Olivenöl
- 200 ml Lavendeltee
- 20 g Kernseife

Zubereitung:

1. Rasple die Kernseife mithilfe einer Reibe fein.
2. Gieße den Lavendeltee auf und lasse ihn gründlich durchziehen.
3. Gib nun die Kernseifen-Raspel in den Tee und löse diese unter Rühren auf.
4. Nun gibst du das Lavendelöl sowie das Olivenöl hinzu und verrührst alle Zutaten gründlich miteinander.
5. Lasse das Duschgel vollkommen erkalten und fülle es anschließend in ein geeignetes Behältnis.
6. Denke daran, das Duschgel vor jedem Gebrauch gründlich zu schütteln.

Kleiner Exkurs: Wie oft sollten wir duschen gehen?

Wie oft sollten wir duschen gehen? Auch bei der Antwort auf diese Frage gehen die Meinungen in der Regel ganz weit auseinander, denn der eine präferiert die tägliche Dusche, während der andere das Waschen mit dem Waschlappen bevorzugt und nur alle paar Tage vollständig unter der Brause steht. Was genau ist denn nun richtig?

Laut einer Studie duschen über 60% der Deutschen mindestens einmal am Tag und das nicht ausschließlich, um sich sauberer zu fühlen oder eine gewisse Hygiene einzuhalten, sondern vielmehr, um sich abends zu entspannen oder morgens munter zu werden. Auch als Abkühlung nach einem heißen Tag oder zum Aufwärmen im Winter leistet die Dusche wahre Wunderdienste. Aus der Sicht von Dermatologen ist dies aber überhaupt nicht gut. Denn wer regelmäßig zu oft duscht und dies über einen langen Zeitraum hinweg, der schadet so dem Fettsäureschutzmantel seiner Haut. Das häufige Duschen entzieht der Haut nämlich regelmäßig die natürlichen Fette. Wer direkt am nächsten Tag erneut duschen geht, der gibt seiner Haut kaum eine Chance, diese Fette wieder aufzubauen. Dadurch trocknet sie langfristig aus und kann mit Rötungen und Juckreiz reagieren. Sogar sogenannte Abnutzungsekzeme können entstehen, wenn ein Mensch einen langen Zeitraum über zu häufig duscht. Auch der erhöhte Wasserverbrauch ist ein Kriterium, welches bei einem nachhaltigen und umweltbewussten Lebensstil mit in die Frage der Häufigkeit des Duschens einbezogen werden sollte.

Schlussendlich sind Experten sich einig, dass zwei bis drei Mal Duschen pro Woche vollkommen ausreicht, um sauber und hygienisch zu sein und gleichzeitig die natürlichen Hautschutzbarrieren nicht zu schädigen. Körperstellen, die dabei häufiger und schneller riechen oder schwitzen wie die Achseln, die Füße oder der Intimbereich können natürlich täglich gereinigt werden. Aber auch hier raten Dermatologen dazu, dies mit einem Waschlappen sowie Wasser und einer pH-neutralen Seife zu tun und nicht mit aggressiven Duschgels unter der Dusche zu stehen. Natürlich musst du nicht von heute auf morgen nur noch zwei Mal die Woche duschen und dich dadurch unsauber fühlen. Ähnlich wie deine Haare ist auch deine Haut deinen Duschrhythmus gewohnt und wird dementsprechend schneller nachfetten, wenn du auf einmal einen Tag länger wartest, bis du erneut unter die Dusche springst. Frage dich aber einmal, wie oft du wirklich duschen gehst, um dich zu waschen und zu reinigen, und wie oft deine Dusche stattfindet, damit du dich wohler fühlst. Hierbei muss angemerkt werden, dass eine Dusche zum Wohlfühlen überhaupt nichts Verwerfliches ist und aus dir keinen Umweltsünder macht. Bedenke nur in Zukunft, dass deine Haut durch zu viele Duschen Schäden nimmt und vermeide bei „Wohlfühlduschen" die Verwendung von stark-reinigenden Produkten und versuche, die Dusche kurz zu halten. Es gibt übrigens auch viele Menschen, die während der Körperreinigung unter der Dusche vollständig auf Duschgel verzichten, um die Haut so nicht zu stark zu belasten. Dies kannst du natürlich auch tun, jedoch unterstützt du deine Haut insbesondere mit hochwertigen und natürlichen Inhaltsstoffen, wie du sie in deiner selbsthergestellten Naturkosmetik zusammenbraust, und belastest sie mit so wenig künstlichen und ungesunden Inhaltsstoffen wie nur möglich. Beobachte dich also einmal selbst und frage dich, wie oft deine Haut wirklich nach einer Dusche verlangt und ob es der Waschlappen für ein kurzes Auffrischen nicht auch schon tun würde.

Badezusätze

Gurken-Bad mit Minze

Zutaten:

- 30 g frische Gurkenschale (Bio)
- 100 g frische Minzblätter
- 225 g Bittersalz
- 1 Tropfen ätherisches Pfefferminzöl

Zubereitung:

1. Gib das Bittersalz in einen Standmixer.
2. Wasche die Gurkenschalen und die Minzblätter und tupfe beides trocken.
3. Gib Gurke und Minze nun ebenfalls in den Standmixer und püriere alle Zutaten, bis eine grüne Masse entsteht.
4. Gib das Pfefferminzöl hinzu und verrühre alle Komponenten erneut miteinander.
5. Verteile die Masse auf Back- oder Wachspapier und lasse sie darauf zwei Tage lang trocknen.
6. Zerkleinere das Salz nach dem Trocknen und bewahre es in einem luftdichten Behältnis auf.
7. Für die Benutzung nimmst du eine kleine Menge des Badesalzes und füllst es in einen Baumwollbeutel oder in eine saubere Socke und gibst sie in das warme Badewasser.

Winterbadesalz

Befreit die Atemwege

Zutaten:

- 450 g Bittersalz
- 1 Prise Kamillenblüten (getrocknet)
- 1-2 TL Mandelöl
- 5 Tropfen ätherisches Zitronenöl
- 10 Tropfen ätherisches Kiefernöl
- 4 Tropfen ätherisches Majoranöl
- 4 Tropfen ätherisches Eukalyptusöl
- 4 Tropfen ätherisches Lavendelöl
- 4 Tropfen Schwarzfichtenöl
- 4 Tropfen ätherisches Pfefferminzöl

Zubereitung:

1. Gib das Mandelöl in eine Schüssel und vermenge es mit den ätherischen Ölen.
2. Füge nun das Bittersalz und die Kamillenblüten hinzu und vermenge alle Komponenten miteinander.
3. Lagere das Winterbadesalz in einem luftdichten Behältnis und verwende circa 115g bei der Füllung der Badewanne mit warmem Wasser.

Badeschaum-Zusatz

Zutaten:

- 225 g Bittersalz
- 60 g Backpulver
- 60 ml Zitronensäure
- 4 Tropfen ätherisches Pfefferminzöl
- 3 Tropfen ätherisches Lavendelöl
- 3 Tropfen ätherisches Zitronenöl

Zubereitung:

1. Vergewissere dich vor dem Beginnen, ob all deine Werkutensilien vollständig trocken sind. Auch das Aufbewahrungsbehältnis sollte absolut trocken sein.
2. Gib das Bittersalz in eine Schüssel und vermenge es mit den ätherischen Ölen.
3. Gib nun die Zitronensäure und das Backpulver hinzu und rühre so lange um, bis alle Zutaten miteinander kombiniert sind.
4. Fülle den Badezusatz in ein Einmachglas und verschließe dieses locker (sodass keine eventuellen Reaktionsgase eingeschlossen werden).
5. Warte mehrere Stunden und prüfe, ob dein Zusatz noch pulverförmig ist. Wenn ja, kannst du das Glas luftdicht verschließen. Sollte die Konsistenz jedoch klebrig sein, muss dein Zusatz noch länger trocknen.
6. Für die Verwendung gibst du eine kleine Menge des Zusatzes in die volllaufende Badewanne.

Himalaya-Badesalz

Zum Entgiften

Zutaten:

- 225 g Bittersalz
- 115 g Himalaya-Salz
- 4 Tropfen ätherisches Zitronengrasöl
- 3 Tropfen ätherisches Palmarosaöl
- 2 Tropfen ätherisches Zypressenöl
- 2 Tropfen ätherisches Wacholderbeeröl
- 2 Tropfen ätherisches Immortelleöl
- 2 Tropfen ätherisches Rosmarinöl

Zubereitung:

1. Gib beide Salzsorten in eine große Schüssel und vermenge sie miteinander.
2. Füge nun nach und nach die ätherischen Öle hinzu und rühre immer wieder um.
3. Fülle das Badesalz in einen luftdichten Behälter ab.
4. Für die Verwendung gibst du einige Esslöffel des Himalaya-Badesalzes unter den laufenden Wasserhahn deiner Badewanne. Du verstärkst den Entgiftungseffekt, indem du vor dem Baden ein Glas Zitronenwasser trinkst, denn das setzt Giftstoffe frei und bewahrt gleichzeitig Feuchtigkeit.

Zitronen-Badebombe

Zutaten:

- 120 g Backpulver
- 170 g Bittersalz
- 60 g Maisstärke
- 120 ml Zitronensäure
- 35 Tropfen ätherisches Zitronenöl

Zubereitung:

1. Gib alle Zutaten in eine große Schüssel und vermenge sie miteinander.
2. Besprühe den Inhalt der Schüssel vorsichtig mit Wasser, während du weiter vermengst. Achte dabei darauf, nicht nur auf eine Stelle zu sprühen, sondern die gesamte Oberfläche leicht zu befeuchten.
3. Sprühe solange, bis die Mischung feucht genug ist und von dir geknetet werden kann.
4. Befülle kleine Silikonförmchen mit deiner Badebomben-Mischung und lasse sie mindestens eine Stunde, am besten aber über Nacht, trocknen.
5. Drücke die Badebomben anschließend aus der Form und verwende sie, indem du sie in die mit Wasser gefüllte Wanne gibst.

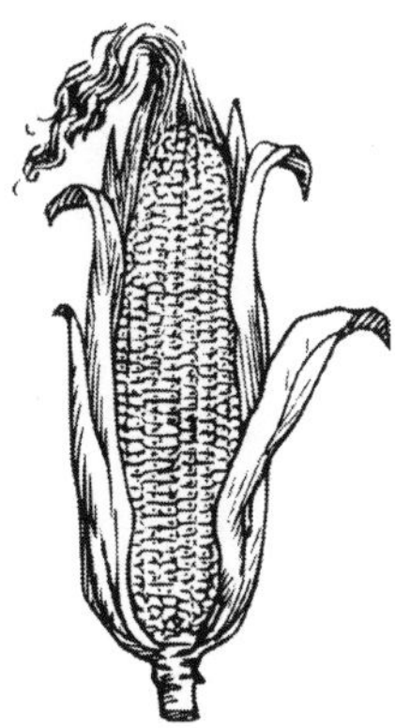

Kräuter-Duschbomben

Gegen Kopfschmerzen

Zutaten:

- 20 g Pfeilwurzelpulver
- 35 g Backpulver
- 60 ml Zitronensäure
- 75 g Bittersalz
- 1 EL Eisenkraut
- 1 EL Mutterkraut
- 1 EL Pfefferminzblätter
- 4 TL Mandelöl
- 8 Tropfen ätherisches Pfefferminzöl
- 4 Tropfen ätherisches Eukalyptusöl

Zubereitung:

1. Vermenge alle trockenen Zutaten in einer Schüssel miteinander.
2. Gib anschließend die Zitronensäure, das Mandelöl sowie die ätherischen Öle in eine zweite Schüssel und vermenge sie dort ebenfalls miteinander.
3. Füge nun die flüssige Komponente den trockenen Zutaten nach und nach hinzu und rühre dabei ständig um. Die Konsistenz sollte sich wie nasser Sand anfühlen und zusammendrückbar sein. Ist dies noch nicht der Fall, kannst du weiteres Mandelöl hinzufügen.
4. Drücke die Masse in kleine Silikonförmchen und lasse sie über Nacht trocknen.
5. Du verwendest die Duschbomben, indem du sie während der Dusche auf den Boden legst und dort schäumen lässt.

Senf-Badezusatz

Für Muskelentspannung

Zutaten:

- 30 g Senfpulver
- 120 g Bittersalz
- 3 Tropfen ätherisches Wintergrünöl
- 3 Tropfen ätherisches Eukalyptusöl
- 3 Tropfen ätherisches Rosmarinöl
- 3 Tropfen ätherisches Thymianöl

Zubereitung:

1. Vermenge das Senfpulver mit dem Bittersalz in einer Schüssel.
2. Gib nun nach und nach die ätherischen Öle hinzu und rühre regelmäßig um.
3. Vermenge alle Komponenten miteinander und fülle das Badesalz in einen luftdichten Behälter, damit die Öle nicht oxidieren.
4. Gib für die Nutzung ungefähr 30 g des Badezusatzes in das Badewasser und bade 15-30 Minuten lang darin.

Körperlotion

Nachfolgend findest du Rezepte für die Herstellung deiner eigenen Körperlotion. Da es hier jedoch den einen oder anderen Stoff gibt, den du vielleicht noch nicht kennst, findest du nachfolgend erst einmal eine Erklärung zu den unbekannten Inhaltsstoffen.

- *Sojalecithin:* Bei Lecithin handelt es sich um Phosphatidylchonline, einer Gruppe von chemischen Verbindungen, die zum Beispiel Phosphorsäure und Fette enthalten. Gewonnen wird der Stoff in diesem Fall aus pflanzlicher Soja. In der Naturkosmetik kommt Lecithin zum Einsatz, wenn ein Emulgator benötigt wird. Solltest du allergisch auf Soja reagieren, solltest du jedoch auch kein Sojalecithin verwenden.
- *Rokonsal:* Bei Rokonsal handelt es sich um ein pflanzliches Konservierungsmittel, welches dafür sorgt, dass deine Kosmetik länger haltbar ist. Da Rokonsal nur bei einem pH-Wert von über 5.5 wirkt, muss mit Mitteln wie Milchsäure nachgeholfen werden.

Mango-Feuchtigkeitslotion

Zutaten:

- 2 EL Mangobutter
- 1 TL Bienenwachs
- 120 ml Glycerin
- 1 TL Sojalecithin
- 5-10 Tropfen ätherisches Mango-Öl

Zubereitung:

1. Vermenge Glycerin mit Sojalecithin und stelle beide Zutaten beiseite.
2. Gib das Bienenwachs in ein Wasserbad und schmilz es. Füge nun die Mangobutter hinzu und vermenge alle Zutaten miteinander.
3. Stelle die Bienenwachs-Mangobutter-Mischung in den Kühlschrank und lasse sie herunterkühlen.

4. Schlage währenddessen die Glycerin-Lecithin-Mischung mit dem Handrührgerät auf höchster Stufe auf.
5. Nimm die Bienenwachs-Mischung aus dem Kühlschrank und schlage sie ebenfalls auf. Fülle nach und nach die Glycerin-Mischung hinzu und gib abschließend das ätherische Öl bei.
6. Bewahre die Feuchtigkeitslotion in einem luftdichten Behältnis an einem dunklen und trockenen Ort auf.

Zimt-Körperlotion

Zutaten:

- 120 ml Kokosöl
- 115 g Sheabutter
- 1 TL gemahlener Ingwer
- 1 TL Zimt
- 5 Tropfen ätherisches Ingweröl
- 5 Tropfen ätherisches Zimtöl
- 1 TL Vanilleextrakt

Zubereitung:

1. Schmilz die Sheabutter und das Kokosöl in einem Wasserbad unter ständigem Rühren.
2. Gib die geschmolzenen Zutaten anschließend in eine Schüssel und stelle sie eine Viertelstunde lang in den Kühlschrank.
3. Nachdem die Mischung abgekühlt ist, nimmst du sie wieder aus dem Kühlschrank und fügst Ingwer, Zimt sowie die ätherischen Öle und den Vanilleextrakt hinzu.
4. Schlage die Lotion mit einem Handrührgerät fünf Minuten lang auf, bis eine cremige Konsistenz entsteht, und fülle sie in ein luftdichtes Einmachglas.

Erfrischende Körperlotion

Zutaten:

- 100 g Kokosöl
- 50 g Sheabutter
- 50 g Kakaobutter
- 15 ml Mandelöl
- 5 Tropfen ätherisches Orangenöl
- 5 Tropfen ätherisches Zitronenöl

Zubereitung:

1. Gib das Kokosöl, die Sheabutter sowie die Kakaobutter in ein heißes Wasserbad und schmilz alle Komponenten unter Rühren.
2. Lasse die Mischung abschließend zehn Minuten lang abkühlen.
3. Rühre nun die ätherischen Öle sowie das Mandelöl ein und lasse die Creme vollständig erkalten.
4. Schlage die Körperlotion mithilfe eines Stabmixers auf, bis sie eine fluffige Konsistenz erreicht, und fülle sie in einen sauberes, geeignetes Behältnis. Lagere die Lotion kühl.

Olivenöl-Honig-Lotion

Gegen trockene und strapazierte Haut

Zutaten:

- 100 g Olivenöl
- 50 ml Vollmilch
- ½ TL flüssiger Honig

Zubereitung:

1. Gib die Milch in ein geeignetes Behältnis und schlage sie mithilfe eines Pürierstabs gründlich auf.
2. Gib das Öl nun nach und nach hinzu und püriere durchgehend weiter, bis die Masse eine cremige Konsistenz aufweist.
3. Rühre anschließend den Honig unter und fülle die Lotion in ein geeignetes Behältnis ab. Stelle die Olivenöl-Honig-Lotion bis zur Nutzung kalt.

Leichte Sommer-Körperlotion

Mit natürlichem UV-Schutz durch Sesamöl

Zutaten:

- 15 g Sonnenblumenwachs
- 50 ml Sesamöl
- 2 TL Vitamin E-Öl
- 15 g Kakaobutter
- 60 ml Rosenwasser

Zubereitung:

1. Gib das Wachs und die Kakaobutter in ein Wasserbad und schmilz beide Komponenten unter Rühren. Nimm die Flüssigkeit aus dem Wasserbad und lasse sie kurz abkühlen.
2. Gib anschließend das Sesamöl und das Vitamin E-Öl hinzu und verrühre alles gut miteinander.
3. Fülle das Rosenwasser in ein hohes Behältnis und mixe es mithilfe eines Pürierstabs, bis es schaumig wird. Fülle nach und nach, unter ständigem Pürieren, das Ölgemisch hinzu und mixe, bis eine cremige Konsistenz entsteht.
4. Fülle die Creme in eine Pumpflasche ab und lagere sie kühl.

Zitronen-Bodylotion

Extra lange haltbar

Zutaten:

- 65 ml Rosenwasser
- 30 g Mandelöl
- 4 g Bienenwachs
- 3 Tropfen Milchsäure
- 3½ g Rokonsal
- 5 Tropfen ätherisches Zitronengras-Öl

Zubereitung:

1. Koche alle Behältnisse und Werkzeuge aus oder desinfiziere sie.
2. Erwärme das Rosenwasser auf 65°C.
3. Erwärme währenddessen das Mandelöl und den Bienenwachs in einem Wasserbad, bis beide Komponenten sich miteinander vermengt haben. Lasse die Temperatur auf 65°C abkühlen.
4. Vermenge das Öl-Bienenwachs-Gemisch mit dem Rosenwasser. Hierfür eignet sich ein Stabmixer besonders gut.
5. Lasse die Flüssigkeit abkühlen, sie wird dabei etwas eindicken.
6. Gib nun das Rokonsal hinzu und rühre die Milchsäure ein. Lasse die Creme abkühlen und rühre abschließend das ätherische Öl ein. Fülle die Lotion in ein luftdichtes Behältnis.

Bodybutter

Pfefferminz-Grüner-Tee-Körperbutter

Zutaten:

- 115 g Sheabutter
- 2 TL Kokosöl
- 3 TL grüner Tee
- 3 TL Bienenwachspastillen
- 8 Tropfen ätherisches Pfefferminzöl

Zubereitung:

1. Gib den grünen Tee in eine Schüssel und übergieße ihn mit drei Teelöffeln kochendem Wasser. Lasse ihn einige Minuten lang ziehen.
2. Stelle ein geeignetes Behältnis in ein Wasserbad und schmilz in ihm die Sheabutter, das Kokosöl sowie das Bienenwachs unter Rühren.
3. Nimm die Flüssigkeit anschließend vom Herd und stelle sie 10-15 Minuten lang in den Kühlschrank.
4. Gib nun das Pfefferminzöl zum grünen Tee und vermenge beide Zutaten miteinander (nimm den Teebeutel heraus oder seihe den Sud vorher ab).
5. Füge den grünen Tee sowie die hartgewordene Sheabutter-Kokosöl-Mischung zusammen und schlage alles mit einem Schneebesen oder einem Stabmixer auf.
6. Fülle die Körperbutter in ein Einmachglas oder ein luftdichtes Behältnis. Sollte die Creme mit der Zeit zu warm werden und schmelzen, kannst du sie einfach wieder aufschlagen.

Schokoladen-Körperbutter

Zutaten:

- 115 g Kakaobutter
- 120 ml Kokosöl
- 2 EL Kakaopulver
- ¼ TL Vitamin E

Zubereitung:

1. Schmilz die Kakaobutter und das Kokosöl bei schwacher Hitze in einem Wasserbad und vermenge die Zutaten miteinander. Nimm sie anschließend vom Herd und lasse sie im Kühlschrank abkühlen, bis die Masse fast fest ist.
2. Schlage anschließend die Masse mit einem Stabmixer auf, bis sie leicht und locker ist, und füge Vitamin E sowie Kakaopulver hinzu.
3. Vermenge alle Zutaten gründlich miteinander und fülle die Körperbutter in ein luftdichtes Behältnis. Bei Raumtemperatur ist deine Körperbutter ungefähr ein halbes Jahr lang haltbar.

Mandel-Körperbutter

Zutaten:

- 110 ml Kokosmilch
- 110 g Kakaobutter
- 110 g Sheabutter
- 100 ml süßes Mandelöl
- 1 TL Vitamin E-Öl
- 2-4 Tropfen ätherisches Mandelöl

Zubereitung:

1. Gib das Kokosöl, die Kakaobutter sowie die Sheabutter in ein Wasserbad und schmilz alle Zutaten vorsichtig unter Rühren.
2. Nimm die flüssigen Öle vom Herd und lasse sie kurz abkühlen.
3. Füge nun das Mandelöl, das Vitamin E-Öl sowie das ätherische Öl hinzu und vermenge die Zutaten miteinander. Stelle die Masse für zwei Stunden in den Kühlschrank und lasse sie vollkommen aushärten.
4. Schlage die Masse mit einem Stabmixer auf, bis sie eine fluffige Konsistenz hat, und fülle sie in ein geeignetes Behältnis.

Pflegende Bodybutter für den Winter

Zutaten:

- 50 ml Jojobaöl
- 50 ml Arganöl
- 50 g Kakaobutter
- 50 g Sheabutter
- 10 Tropfen ätherisches Vanilleöl
- 5 Tropfen Vitamin E-Öl

Zubereitung:

1. Gib die Sheabutter und die Kakaobutter in ein geeignetes Behältnis und schmilz beide Komponenten in einem Wasserbad unter Rühren.
2. Lasse die Mischung abkühlen und füge anschließend das Arganöl, das Jojobaöl, das ätherische Vanilleöl sowie das Vitamin E-Öl hinzu und vermenge alle Komponenten miteinander.
3. Lasse die Masse im Kühlschrank vollständig auskühlen, die Masse erhärtet mit der Zeit.
4. Vermenge die Bodybutter nun mithilfe eines Mixstabs, bis sie eine fluffige Konsistenz erhält, und fülle sie in geeignete Behältnisse ab.

Rosa Bodybutter

Gegen trockene Haut

Zutaten:

- 50 g Kokosöl
- 50 ml Mandelöl
- 150 g Sheabutter
- 10 Tropfen Rosenöl
- 1 Msp. Rote Bete-Pulver

Zubereitung:

1. Gib das Kokosöl sowie das Mandelöl in ein geeignetes Behältnis und schmilz beide Komponenten unter Rühren in einem Wasserbad.
2. Füge nun die Sheabutter hinzu und schmilz sie ebenfalls, sodass sie sich mit den anderen Zutaten vermengt.
3. Stelle die flüssige Masse in den Kühlschrank, bis sie erkaltet und eine feste Konsistenz erhält.
4. Verrühre die feste Masse mithilfe eines Handrührgeräts, bis eine fluffige Konsistenz entsteht.
5. Gib das ätherische Öl sowie das Rote Bete-Pulver hinzu und vermenge alle Zutaten erneut.
6. Fülle die Bodybutter in ein geeignetes Behältnis ab und bewahre sie an einem kühlen und dunklen Ort auf.

Orangen-Bodybutter

Stark pflegend

Zutaten:

- 30 g Kakaobutter
- 30 g Kokosöl
- 15-30 Tropfen ätherisches Orangenöl

Zubereitung:

1. Gib die Kakaobutter und das Kokosöl in ein geeignetes Gefäß.
2. Schmilz nun beide Komponenten, indem du sie in ein heißes Wasserbad stellst. Rühre dabei regelmäßig um.
3. Stelle die Masse anschließend in den Kühlschrank, bis sie wieder eine feste Konsistenz hat.
4. Verrühre die nun feste Masse mithilfe eines Stabmixers, bis eine fluffige Konsistenz entsteht, und füge das ätherische Öl hinzu.
5. Fülle die Bodybutter in ein geeignetes Gefäß und bewahre sie an einem dunklen und kühlen Ort auf.

Massageöl

- *Efeu:* In einem der nachfolgenden Rezepte für naturkosmetische Massageöle wird dir der Efeu begegnen. Diesen kennen wir eigentlich nur als unnützen und giftigen Anhang an Hauswänden oder der Hecke. Tatsächlich ist der Efeu jedoch eine gerngesehene Komponente in der Naturkosmetik! Efeu hat eine regenerierende Wirkung auf Haut und Haar, was an seinen Polyphenolen liegt. Hierbei handelt es sich um einen sogenannten Defensivstoff, welcher die Pflanze vor Feinden schützt. Dabei schützen diese Stoffe auch vor UV-Strahlen und wirken in der Körper- und Haarpflege antimikrobiell, belebend und kräftigend. Es gibt übrigens über 400 Efeu-Sorten. Für die Naturkosmetik verwenden wir aber nur die getrockneten Blätter und Zweige des „Gemeinen Efeus". Du solltest Efeu immer als vorbearbeitetes Produkt erwerben und nicht frisch im Garten sammeln, denn so läufst du keine Gefahr, von den giftigen Stoffen des Efeus angegriffen zu werden.

Traubenkern-Grapefruit-Öl

Zutaten:

- 340 ml Traubenkernöl
- 2 Grapefruits

Zubereitung:

1. Wasche die Grapefruits gründlich unter fließendem Wasser und tupfe sie trocken.
2. Entferne nun die Schale vom Fruchtfleisch (das Fruchtfleisch kannst du gerne essen) und lege sie zum Trocknen aus. Den Trocknungsvorgang kannst du beschleunigen, indem du die Schalen in einen Dörrautomaten oder in den Ofen gibst.
3. Trockne die Schalen vollständig und füge sie anschließend in ein Einmachglas.
4. Gieße das Traubenkernöl über die Grapefruit-Schalen und verschließe das Glas luftdicht.

5. Lasse die Schalen zwei Monate lang in dem Öl ziehen. Gieße das Öl anschließend in ein geeignetes Behältnis und werfe die Schalen weg.

Oliven-Arnika-Massageöl

Zutaten:

- natives Olivenöl
- ½ Schraubglas Arnika-Blüten

Zubereitung:

1. Koche das Glas aus oder desinfiziere es gründlich.
2. Fülle nun die Arnika-Blüten in das Glas.
3. Fülle nun das Glas mit dem Olivenöl auf und verschließe es fest.
4. Der Öl-Auszug muss nun einen Monat lang ruhen. Dabei solltest du ihn einmal am Tag gründlich durchschütteln.
5. Fange nach Ablauf des Monats das Öl in einem geeigneten Behältnis auf und entferne die Blüten. Bewahre das Öl an einem dunklen und kühlen Ort auf.

Efeu-Massageöl

Hautstraffungseffekt

Zutaten:

- 1 EL Honig
- 500 ml Weizenkeimöl
- 2 Handvoll Efeublätter

Zubereitung:

1. Gib die Efeublätter in ein Schraubglas oder ein ähnliches Gefäß und übergieße sie mit dem Weizenkeimöl.
2. Lasse die Mischung zwei bis drei Wochen lang an einem kühlen und dunklen Ort ziehen, schüttle das Glas dabei einmal täglich gründlich durch.

3. Fange den Sud nach Ablauf der Zeit auf und entferne die Efeublätter.
4. Erwärme das Öl auf 40°C und rühre den Honig ein. Lasse alles abkühlen und fülle das Öl in ein geeignetes Behältnis.

Melissen-Jojobaöl

Zutaten:

- 1 Tropfen ätherisches Jasminöl
- 100 ml Jojobaöl
- 5 Tropfen ätherisches Melissenöl
- 5 Tropfen ätherisches Lavendelöl

Zubereitung:

1. Koche ein geeignetes Behältnis aus oder desinfiziere es.
2. Befülle nun das Glas mit dem Jojobaöl.
3. Gib die ätherischen Öle hinzu und vermenge alle Komponenten gründlich miteinander.
4. Verschließe das Glas oder befülle das Öl in ein geeigneteres Behältnis.
5. Bewahre das Massageöl an einem dunklen und kühlen Ort auf.

Erkältungs-Massageöl

Zutaten:

- 100 ml Jojobaöl
- 10 Tropfen ätherisches Eukalyptus-Öl
- 5 Tropfen ätherisches Pfefferminz-Öl

Zubereitung:

1. Koche dein Behältnis aus oder desinfiziere es gründlich.
2. Befülle es nun mit dem Jojobaöl und gib die ätherischen Öle hinzu. Verrühre alle Zutaten gründlich miteinander.

3. Befülle das Öl in ein geeignetes Behältnis oder verschließe das Behältnis, in welchem du das Öl zusammengemischt hast.
4. Bewahre das Massageöl an einem dunklen und kühlen Ort auf.

Rosmarin-Massageöl mit Minze

Zutaten:

- 2 Tropfen ätherisches Rosmarinöl
- 2 EL natives Olivenöl
- 2 Tropfen ätherisches Minzöl
- 4 Tropfen ätherisches Melissenöl

Zubereitung:

1. Koche dein Behältnis aus oder desinfiziere es gründlich.
2. Fülle das Olivenöl in das Behältnis und gib anschließend die ätherischen Öle hinzu.
3. Vermenge alle Komponenten gründlich miteinander und befülle ein geeignetes Behältnis mit dem Massageöl.
4. Bewahre das Öl an einem kühlen und dunklen Ort auf.

Zahn- und Mundpflege

Die Pflege und Reinigung unserer Zähne ist überaus wichtig, doch braucht es dafür wirklich die herkömmliche Zahnpasta aus dem Drogeriemarkt? Tatsächlich kannst du deine Zähne auch hervorragend mit naturkosmetischen Mitteln reinigen und mit ihr für eine hochwertige und gleichzeitig nachhaltige Mundhygiene sorgen. So gibt es unter anderem Menschen, die ihre Zähne ausschließlich mit Kokosöl putzen. Dies klingt zunächst nicht allzu angenehm, denn Kokosöl hat keine Fähigkeit, Schaum zu bilden, den wir beim Zähneputzen normalerweise gewohnt sind. Jedoch hat Kokosöl eine antibakterielle Wirkung, welche durch die Laurinsäure, welche im Fruchtfleisch enthalten ist, zustande kommt. Jene Säure beugt der Entstehung von Karies vor, hilft bei Zahnfleischbluten und Mundgeruch. Das Putzen mit Kokosöl kann sogar Verfärbungen beseitigen. Für den Fall, dass dir das Zähneputzen mit Kokosöl fürs Erste doch einen Schritt zu unangenehm ist, findest du nachfolgend einige Rezepte für die Zahnhygiene, die du ganz einfach und naturkosmetisch bei dir zuhause herstellen kannst.

Zahnpasta

Die Umstellung auf naturkosmetische Zahnpasta ist für viele Menschen schwieriger als die Umstellung auf naturkosmetische Seife oder das selbstgemachte Duschgel. Der Grund hierfür ist, dass wir eine stark schäumende und sehr frisch schmeckende Zahnpasta aus der Drogerie gewohnt sind und es sich zunächst komisch anfühlt, die Zähne ohne große Schaumbildung zu putzen. Bei naturkosmetischer Zahnpasta ist darüber hinaus noch die eine oder andere Sache mehr zu beachten:

- Verwende bei der Herstellung deiner Zahnpasta ausschließlich besonders feinkörnige Pulver. Arbeitest du mit einer gröberen Körnung, läufst du Gefahr, deinem Zahnschmelz zu schädigen.

- Schlucke deine selbsthergestellte Zahnpasta nicht herunter, sondern spucke und spüle sie vollständig aus.
- Nutze das Gewürz Kurkuma nur dann, wenn du keine Plastikteile an den Zähnen hast. Kurkuma hellt die Zähne zwar auf, Plastikteile kann es jedoch gelblich verfärben.
- Diese Öle helfen dir mit ihrer Wirkung bei der Herstellung deiner Zahnpasta: Oregano-Öl (antibakterielle und antiseptische Wirkung), Teebaumöl (entzündungshemmend, antibakteriell und Plaque-bekämpfend), Fenchelöl (kühlt, beruhigt und erfrischt), Pfefferminzöl (erfrischt den Atem, fördert die Verdauung und schützt die Zähne).

Kurkuma-Zahnpasta

Für weißere Zähne

Zutaten:

- 3 EL Kokosöl
- 3 EL Kurkuma-Pulver

Zubereitung:

1. Erwärme das Kokosöl, bis es schmilzt und eine flüssige Konsistenz erhält.
2. Vermenge das Kokosöl mit dem Kurkuma-Pulver, bis eine gelbliche Paste entsteht.
3. Befülle die Paste in ein kleines Behältnis und putze dir damit wie gewohnt die Zähne.

Erythrit-Zahnpasta

Gegen Karies

Zutaten:

- 5 EL Kokosöl
- 3 EL Natron
- 2 TL Schlammkreide (aus der Apotheke)
- 4 EL Erythrit
- 1 EL feine Heilerde
- 1 Prise Xylit (für den Geschmack)
- 10 Tropfen ätherisches Pfefferminzöl

Zubereitung:

1. Verrühre in einem geeigneten Behältnis zunächst alle Pulver miteinander.
2. Erwärme das Kokosöl, bis es eine flüssige Konsistenz erhält, und rühre nach und nach das vermischte Pulver ein. Achte darauf, dass sich keine Klumpen bilden.
3. Hebe nun das ätherische Öl unter und fülle die Zahnpasta in ein sauberes, geeignetes Gefäß ab.
4. Trage die Paste im Idealfall mithilfe eines kleinen Löffels oder Spatels auf die Zahnbürste auf. Bewahre die Zahnpasta dabei bei Raumtemperatur auf, denn im Kühlschrank wird sie zu fest.

Aktivkohle-Zahnpasta

Für weißere Zähne

Zutaten:

- 1 EL Schlammkreide
- 1 EL Natron
- 2 EL Aktivkohle
- 2 TL Xylit
- 20 Tropfen ätherisches Pfefferminzöl

Zubereitung:

1. Vermenge alle Pulver miteinander.
2. Füge das ätherische Öl hinzu und rühre die Masse um, bis alle Zutaten miteinander vermengt sind.
3. Befülle das Pulver in ein geeignetes Schraubglas.
4. Befeuchte für die Verwendung deine Zahnbürste und gib eine kleine Menge des Pulvers auf diese. Putze deine Zähne anschließend wie gewohnt.

Schlammkreide-Zahnpasta

Gegen Zahnfleischentzündungen

Zutaten:

- 4 EL Kokosöl
- 2 TL Schlammkreide
- 1 EL Heilerde
- 4 Tropfen Vitamin A-Öl
- 1 TL Xylit
- 20 Tropfen Teebaumöl
- 10 Tropfen ätherisches Oregano-Öl

Zubereitung:

1. Vermenge die Heilerde mit der Schlammkreide und dem Xylit in einem geeigneten Behältnis.
2. Erwärme das Kokosöl, bis es eine flüssige Konsistenz erhält, und verrühre es anschließend mit der Heilerde-Mischung. Achte darauf, dass sich keine Klumpen bilden.
3. Gib zum Schluss das Teebaumöl, das Vitamin A-Öl sowie das ätherische Oregano-Öl hinzu und vermenge alle Zutaten gründlich miteinander.
4. Befülle ein Schraubglas mit deiner Zahnpasta und putze dir damit wie gewohnt die Zähne.

Salbei-Zahnpasta

Gegen Zahnbelag

Zutaten:

- 2 EL Natron
- 2 TL Schlammkreide
- 1 EL Heilerde
- 2 EL Salbei-Tinktur
- 1 EL Oregano-Tinktur
- 1 TL Xylit
- 20 Tropfen Teebaumöl

Zubereitung:

1. Vermenge Natron, Schlammkreide, Heilerde und Xylit in einem geeigneten Gefäß miteinander.
2. Füge nun nach und nach die Tinkturen sowie das Teebaumöl hinzu und verrühre alle Zutaten miteinander, bis eine Paste entsteht.
3. Befülle die Paste in ein geeignetes Gefäß und putze deine Zähne damit wie gewohnt.

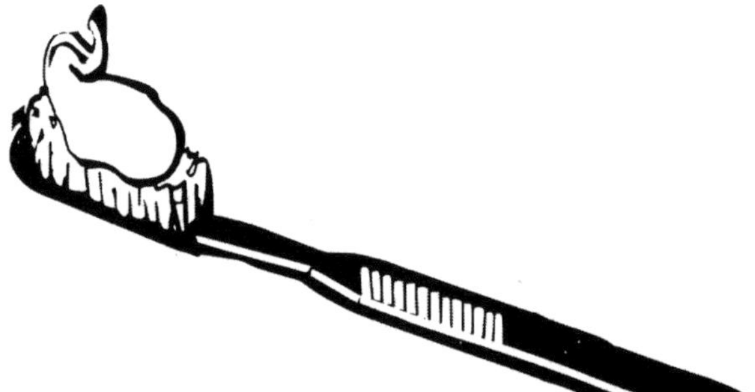

Zitronen-Zahnpasta

Für frischen Atem

Zutaten:

- 3 EL Kokosöl
- 2 TL Schlammkreide
- ½ TL Zimtpulver
- 1 TL Xylit
- 1 TL Ingwerpulver
- 10 Tropfen ätherisches Pfefferminzöl
- 4 Tropfen Citronella

Zubereitung:

1. Erwärme das Kokosöl, bis es eine flüssige Konsistenz erhält.
2. Gib alle Pulver in einen Mörser und zermahle sie fein.
3. Füge nun die Pulver nach und nach dem Kokosöl zu und rühre dabei stetig um. Achte darauf, dass sich keine Klumpen bilden.
4. Gib anschließend die ätherischen Öle hinzu und verrühre erneut gründlich, bis eine Paste entsteht.
5. Befülle ein sauberes, geeignetes Gefäß mit der Paste und putze dir damit wie gewohnt die Zähne.

Mundspülung

Oregano-Mundwasser

Antibakteriell

Zutaten:

- 150 ml kochendes Wasser
- 1 Bund Oregano
- 1 TL Natronpulver
- 10 Tropfen ätherisches Pfefferminzöl
- 10 Tropfen ätherisches Teebaumöl

Zubereitung:

1. Zerkleinere den Oregano und gib ihn in einen Kochtopf.
2. Gib das Wasser hinzu und bringe beide Zutaten zum Kochen. Reduziere anschließend die Hitzezufuhr und lasse den Sud zehn Minuten lang köcheln. Nimm den Topf anschließend vom Herd und lasse den Sud einige Stunden oder über Nacht ziehen.
3. Seihe nun den Oregano ab und fange den Sud auf.
4. Vermenge den Sud mit dem Natronpulver sowie den ätherischen Ölen und fülle ihn in eine saubere, geeignete Flasche.
5. Denke immer daran, das Mundwasser vor der Verwendung gründlich zu schütteln.

Grüntee-Mundwasser

Zutaten:

- 150 ml grüner Tee
- 1 TL Natronpulver
- 1 TL Xylit

Zubereitung:

1. Bereite den Tee zu und lasse ihn abkühlen, ohne den Teebeutel zu entfernen.
2. Entferne nach dem Abkühlen den Teebeutel und gib das Natron und Xylit in den Sud. Vermenge alle Zutaten miteinander.
3. Befülle eine saubere, geeignete Flasche mit dem Mundwasser und denke immer daran, die Flüssigkeit vor der Verwendung gründlich zu schütteln.

Meersalz-Mundwasser

Zutaten:

- 150 ml destilliertes Wasser
- 2 TL Natronpulver
- 2 TL feines Meersalz
- 5 Tropfen ätherisches Teebaumöl

Zubereitung:

1. Zermahle das Meersalz mit dem Natronpulver in einem Mörser.
2. Befülle nun eine saubere Flasche mit dem destillierten Wasser.
3. Fülle die Pulver mithilfe eines Trichters ebenfalls in die Flasche.
4. Gib anschließend das ätherische Öl hinzu, verschließe die Flasche und schüttle sie kräftig durch, sodass sich alle Zutaten miteinander vermengen.
5. Denke immer daran, das Mundwasser vor der Nutzung einmal zu schütteln.

Mildes Kamillen-Mundwasser

Zutaten:

- 150 ml Wasser
- 2 TL getrocknete Kamillenblüten
- 15 Tropfen ätherisches Salbeiöl
- 1 TL Xylit

Zubereitung:

1. Koche das Wasser auf und zerkleinere die Kamillenblüten.
2. Gib die Kamillenblüten in ein geeignetes Behältnis und übergieße sie mit dem kochenden Wasser.
3. Lasse die Blüten mindestens zehn Minuten lang in dem Wasser ziehen. Seihe sie abschließend ab und fange den Sud auf.
4. Gib Salbeiöl und Xylit in den Sud und vermenge alle Zutaten miteinander.
5. Befülle eine geeignete und saubere Flasche mit dem Mundwasser und denke immer daran, dieses vor der Nutzung durchzuschütteln.

Rasierbedarf und Haarentfernung

Teebaumöl-Rasiercreme

Zutaten:

- 50 g Kokosöl
- 50 g Sheabutter
- 35 g Olivenöl
- 1 EL Flüssigseife (verwende gerne selbsthergestellte Flüssigseife, Rezepte findest du in diesem Buch)
- 1 TL Vitamin E-Öl
- 5 Tropfen ätherisches Teebaumöl

Zubereitung:

1. Gib die Sheabutter und das Kokosöl in ein geeignetes Behältnis und schmilz beide Zutaten unter Rühren in einem heißen Wasserbad.
2. Lasse die flüssige Masse kurz abkühlen und rühre anschließend das Vitamin E-Öl, das Olivenöl, die Flüssigseife sowie das ätherische Öl unter.
3. Vermenge alle Komponenten gründlich miteinander und fülle die Rasiercreme in ein geeignetes Behältnis.
4. Lasse die Creme im Kühlschrank vollständig erkalten.

Feuchtigkeitsspendende Rasiercreme

Zutaten:

- 4 EL Sheabutter
- 3 EL Kokosöl
- 2 EL Mandelöl
- 10 Tropfen ätherisches Orangenöl

Zubereitung:

1. Gib Sheabutter und Kokosbutter in ein Wasserbad und schmilz beide Komponenten unter stetigem Rühren.
2. Nimm die flüssigen Öle aus dem Wasserbad und lasse sie kurz abkühlen.
3. Füge nun das Mandelöl sowie das ätherische Öl hinzu und vermenge alle Zutaten gründlich miteinander.
4. Lasse die Creme im Kühlschrank vollständig erkalten.
5. Mixe die Creme anschließend mithilfe eines Handrührgeräts durch, bis sie eine fluffige Konsistenz erhält, und fülle sie in ein geeignetes und sauberes Behältnis.

Mandel-Rasiercreme

Zutaten:

- 50 g Kokosöl
- 50 g Sheabutter
- 35 g Mandelöl
- 5 Tropfen ätherisches Mandelöl

Zubereitung:

1. Gib Kokosöl und Sheabutter in ein geeignetes Gefäß und schmilz beide Zutaten über einem heißen Wasserbad.
2. Verrühre die flüssigen Öle miteinander und lasse sie kurz abkühlen.

3. Menge das Mandelöl unter und füge anschließend das ätherische Öl hinzu.
4. Lasse die Rasiercreme im Kühlschrank vollständig abkühlen.
5. Mixe die Creme anschließend mithilfe eines Handrührgeräts, bis sie eine fluffige Konsistenz erhalten hat, und fülle sie in ein geeignetes und sauberes Gefäß ab.

Aloe Vera-Rasierschaum

Zutaten:

- 120 g flüssige Kastilienseife
- 60 g Wasser
- 60 g Aloe Vera-Gel
- 40 g Glycerin
- 10 g Mandelöl
- 10 Tropfen ätherisches Teebaumöl
- 10 Tropfen ätherisches Lavendelöl

Zubereitung:

1. Vermenge die Kastilienseife in einem geeigneten Behältnis mit dem Wasser, dem Aloe Vera-Gel sowie dem Glycerin.
2. Füge nun das Mandelöl sowie die ätherischen Öle hinzu und rühre gründlich durch.
3. Fülle die Flüssigkeit in einen Schaumspender.
4. Nutze den Rasierschaum, indem du den Schaum aus dem Spender auf die trockene Haut gibst, auf feuchter Haut löst er sich zu schnell auf.

Rasierseife-Grundrezept

Zutaten:

- 225 g Kokosöl
- 150 g Olivenöl
- 75 g Rapsöl
- 50 g Rizinusöl
- 75 g Natriumhydroxid (NaOH)
- 155 g destilliertes Wasser

Zubereitung:

1. Schmilz das Kokosöl in einem Wasserbad, bis es vollkommen flüssig ist.
2. Lasse das Kokosöl kurz abkühlen und vermenge es anschließend mit dem Olivenöl, dem Rapsöl sowie dem Rizinusöl.
3. Füge nun das Natriumhydroxid sowie das destillierte Wasser hinzu.
4. Vermenge alle Zutaten und fülle sie in ein geeignetes Behältnis. Lasse die Seife aushärten.
5. Für die Benutzung befeuchtest du einen Rasierpinsel mit Wasser und schäumst mit diesem die Rasierseife auf.

Bier-Honig-Rasierseife

Zutaten:

- 400 g Olivenöl
- 250 g Kokosöl
- 100 g Hanföl
- 100 g Rizinusöl
- 1 L Bier
- 114 g Natriumhydroxid (NaOH)
- 5 g ätherisches Hopfenöl
- 1 Esslöffel Honig

Zubereitung:

1. Gib das Bier in einen Kochtopf und koche es so lange ein, bis die Flüssigkeit sich auf ungefähr 300 g reduziert hat. Lasse das Bier auf Zimmertemperatur abkühlen und friere es anschließend über Nacht ein.
2. Schmilz am darauffolgenden Tag das Kokosöl in einem Wasserbad und lasse es anschließend auf ungefähr 40°C abkühlen.
3. Füge nun das Olivenöl, das Hanföl und das Rizinusöl hinzu und vermenge alle Zutaten miteinander.
4. Stelle aus dem Natriumhydroxid und dem gefrorenen, auftauenden Bier eine Lauge her und gib diese anschließend sofort zu den Öl-Zutaten.
5. Dicke die Mischung mithilfe eines Mixstabes an. Gib anschließend das ätherische Öl sowie den Honig hinzu und verrühre alles kurz miteinander.
6. Fülle die Rasierseife in Silikonförmchen und lasse die Masse über Nacht aushärten.

Pflegendes Rasieröl

Zutaten:

- 3 EL Sonnenblumenöl
- 1 TL Aloe Vera-Gel
- 1 TL Glycerin
- 6 Tropfen Vitamin E-Öl
- 5 Tropfen ätherisches Öl nach Wahl

Zubereitung:

1. Fülle alle Zutaten in ein geeignetes Gefäß.
2. Verschließe das Gefäß und schüttle es kräftig durch, sodass alle Zutaten sich miteinander vermengen.
3. Bewahre das Rasieröl an einem kühlen und dunklen Ort auf.

Zuckerwachs

Als DIY-Alternative zu Kaltwachsstreifen

Zutaten:

- 200 g Zucker
- 60 ml Zitronensaft
- 60 ml Wasser

Zubereitung:

1. Gib alle Zutaten in einen Kochtopf und verrühre sie miteinander.
2. Bringe den Inhalt des Topfes nun zum Kochen und reduziere die Hitzezufuhr, sodass die Masse leicht köchelt.
3. Sobald die Masse eine goldbraune Färbung annimmt, stellst du die Hitze ab und füllst den Zuckerwachs in ein geeignetes Behältnis. Solltest du Glas verwenden, ist es sinnvoll, dieses zuvor mit kochendem Wasser zu befüllen, damit es durch die heiße Zucker-Masse nicht springt.
4. Lasse die Masse eine halbe Stunde lang abkühlen.
5. Du verwendest die Zuckermasse, indem du eine kleine Menge in die Hand nimmst und so lange in den Handflächen herumrollst, bis sie sich formen lässt. Verstreiche anschließend die Masse über die zu enthaarende Stelle und lasse sie kurz aushärten. Ziehe die Zuckermasse nun entgegen der Haarwuchsrichtung mit einem Ruck ab. Wiederhole den Vorgang, bis alle Haare an der jeweiligen Stelle entfernt sind.

Rasiergel

Für besonders empfindliche Haut

Zutaten:

- 100 g Aloe Vera-Gel
- 1 TL Vitamin E-Öl
- 1 TL Glycerin
- 2 TL Kokosöl
- 10 Tropfen ätherisches Rosenöl

Zubereitung:

1. Schmilz das Kokosöl in einem Wasserbad, bis es eine flüssige Konsistenz hat.
2. Lass das flüssige Kokosöl kurz abkühlen und vermenge es anschließend mit dem Aloe Vera-Gel, dem Vitamin E-Öl, dem Glycerin sowie dem ätherischen Öl.
3. Mixe alle Zutaten, bis eine gelartige Masse entsteht, und fülle diese in ein luftdichtes Behältnis ab.

Fixe Rasiercreme

Wenn es mal schnell gehen muss

Zutaten:

- 50 ml Olivenöl
- 150 ml Aloe Vera-Gel
- 10 Tropfen ätherische Öle nach Belieben

Zubereitung:

1. Vermenge alle Zutaten in einem geeigneten Behältnis miteinander.
2. Mixe die Zutaten, bis eine cremige Konsistenz entsteht.
3. Fülle die Creme in ein luftdichtes Behältnis ab, du kannst sie sofort verwenden.

Handpflege

Handcreme

Orangen-Handcreme

Zutaten:

- 50 ml destilliertes Wasser
- 10 ml Aloe Vera-Saft
- 15 ml Jojobaöl
- 15 g Kakaobutter
- 10 g Bienenwachs
- 6 Tropfen ätherisches Orangenöl
- 4 Tropfen ätherisches Grapefruitöl

Zubereitung:

1. Fülle das Wasser und den Aloe Vera-Saft in ein Behältnis.
2. Befülle ein separates Behältnis mit dem Jojobaöl, der Kakaobutter sowie dem Bienenwachs.
3. Stelle beide Behälter in einen großen, mit Wasser befüllten Topf und erhitze das Wasserbad. Rühre so lange um, bis die Butter und das Wachs geschmolzen sind.
4. Nimm die Behältnisse nun aus dem Wasserbad und vermenge beide Komponenten in einem sauberen Glas miteinander. Rühre so lange um, bis die Masse abkühlt und eindickt.
5. Gib die ätherischen Öle hinzu und rühre erneut gründlich um. Fülle die Handcreme in geeignete Behältnisse ab und bewahre sie im Kühlschrank auf.

Sheabutter-Handcreme

Reparierend

Zutaten:

- 85 g Sheabutter
- 1 EL Sonnenblumenöl
- 10 Tropfen ätherisches Zitronengrasöl
- 4 Tropfen ätherisches Eukalyptusöl

Zubereitung:

1. Erhitze Sheabutter und Sonnenblumenöl in einem Wasserbad, bis die Sheabutter geschmolzen ist.
2. Gib die Masse anschließend in eine Schüssel und rühre die ätherischen Öle ein. Stelle die Masse anschließend eine halbe Stunde lang in den Kühlschrank, bis sie leicht fest wird.
3. Schlage die Creme mithilfe eines Handrührgeräts auf, bis sie eine fluffige Konsistenz erhält, und fülle sie in geeignete Behältnisse ab.

Kräuter-Handcreme

Zutaten:

- 15 g getrocknete Calendulablüten
- 2 TL Beinwell (Heilpflanze)
- 15 g getrocknete Löwenzahnblätter
- 1 TL Tamanuöl
- 2 TL Mango-Butter
- ½ TL Vitamin E-Öl
- 115 ml Süßmandelöl
- 120 ml abgekochtes Wasser
- 6 g Bienenwachs

Zubereitung:

1. Gib die getrockneten Blüten und Kräuter in einen Mörser und zermahle sie fein.
2. Gib das Mandelöl in eine geeignete Schüssel und rühre die zerstoßenen Kräuter hinein.
3. Erhitze ein Wasserbad und stelle die Schüssel mit der Mandelöl-Kräutermischung hinein. Lasse die Kräuter bei niedriger Hitzezufuhr eine Stunde lang in dem Öl ziehen.
4. Seihe anschließend das Kräuter-Öl ab und fange es auf.
5. Gib das, noch warme, Öl in eine Schüssel und vermenge es mit Bienenwachs und Mangobutter. Rühre so lange, bis alle Zutaten geschmolzen sind.
6. Gib Tamanu- und Vitamin E-Öl hinzu und lasse die Mischung zehn Minuten lang im Kühlschrank erkalten.
7. Schlage die Masse nun mit einem Handrührgerät auf und gib nach und nach das abgekochte Wasser hinzu. Fülle die Creme anschließend in ein luftdichtes Behältnis ab und bewahre sie im Kühlschrank auf.

Honig-Handcreme

Zutaten:

- 50 ml Vollmilch
- 100 g Rapsöl
- 1 TL Honig
- 20 Tropfen ätherisches Lavendelöl
- 20 Tropfen Propolis-Tinktur

Zubereitung:

1. Erwärme die Milch auf Zimmertemperatur und mixe sie mithilfe eines Stabmixers eine Minute lang.
2. Gib das Öl nach und nach zur Milch hinzu, mixe dabei weiter. Die Konsistenz wird mit der Zeit cremig.
3. Rühre den Honig sowie die ätherischen Öle und die Propolis-Tinktur unter und befülle die Creme in geeignete Tiegel.
4. Bewahrte die Handcreme im Kühlschrank auf.

Granatapfel-Handcreme

Anti-Aging

Zutaten:

- 60 g Sheabutter
- 15 g Bienenwachs
- 2 EL Granatapfelöl
- 5 Tropfen Vitamin E-Öl
- 5 Tropfen Rizinusöl

Zubereitung:

1. Bringe das Bienenwachs in einem Wasserbad zum Schmelzen.
2. Rühre nun die Sheabutter unter und schmilz diese ebenfalls.
3. Nimm das Behältnis aus dem Wasserbad und gib das Granatapfelöl, das Vitamin E-Öl sowie das Rizinusöl hinzu und fülle die Creme in geeignete Behältnisse ab.
4. Bewahre die Handcreme bis zur Nutzung im Kühlschrank auf.

Schnelle Rosen-Handcreme

Zutaten:

- 60 ml Jojobaöl
- 40 ml Rosenwasser
- 5 Tropfen Vitamin E-Öl
- 10 Tropfen ätherisches Lavendelöl

Zubereitung:

1. Gib das Jojobaöl mit dem Vitamin E-Öl sowie den ätherischen Ölen in ein Fläschchen und vermenge alle Zutaten in diesem miteinander.
2. Fülle nun das Rosenwasser in die Flasche und verschließe diese. Schüttle die Flasche kräftig durch.
3. Die Lotion enthält keinen Emulgator, weswegen du sie vor der Nutzung immer gründlich durchschütteln solltest.

Handpeeling

Reinigendes Hand-Peeling

Zutaten:

- 170 g Zucker
- 4 EL Olivenöl
- 1 TL Sheabutter
- 10-15 Tropfen ätherisches Zitronengrasöl

Zubereitung:

1. Gib den Zucker und das Olivenöl in ein Behältnis und vermenge beide Zutaten miteinander.
2. Schmilz die Sheabutter in der Mikrowelle oder in einem Wasserbad, bis sie flüssig ist, und gib sie ebenfalls zum Zucker und dem Olivenöl.
3. Füge das ätherische Öl hinzu und vermenge alle Zutaten, bis eine Paste entsteht.
4. Befeuchte für die Nutzung deine Hände und nimm mit einem Löffel eine kleine Menge des Peelings heraus. Verreibe dieses auf der Haut deiner Hände.

Meersalz-Handpeeling

Zutaten:

- 2 EL feines Meersalz
- 1 EL Himalayasalz
- 2 EL Kokosöl
- 10 Tropfen ätherisches Grapefruit-Öl
- 1 Prise getrocknete Lavendelblüten

Zubereitung:

1. Schmilz das Kokosöl in einem Wasserbad.
2. Vermenge die Salze währenddessen in einer geeigneten Schüssel.
3. Gib das Kokosöl zu den Salzen und beträufle die Masse mit dem Grapefruit-Öl und den Lavendelblüten.
4. Vermenge alle Zutaten und fülle sie in ein luftdichtes Behältnis.

Kaffeesatz-Peeling

Für eine gute Durchblutung

Zutaten:

- 6 Esslöffel getrockneter Kaffeesatz
- 3 EL brauner Zucker
- 10 Tropfen ätherisches Vanilleöl

Zubereitung:

1. Vermenge den Kaffeesatz mit dem Zucker.
2. Gib das Vanilleöl hinzu und verrühre alle Komponenten miteinander.
3. Befeuchte deine Hände für die Nutzung und verreibe eine kleine Menge des Peelings auf der Haut deiner Hände.

Zitronen-Zuckerpeeling

Zutaten:

- 150 g Zucker
- 50 g Kokosöl
- ½ Bio-Zitrone
- 2 EL Olivenöl

Zubereitung:

1. Erhitze das Kokosöl in der Mikrowelle oder in einem Wasserbad, bis es eine flüssige Konsistenz hat.
2. Wasche die halbe Zitrone und püriere sie fein.
3. Vermenge das flüssige Kokosöl mit der pürierten Zitrone, dem Zucker sowie dem Olivenöl und fülle das Peeling in ein luftdichtes Behältnis.
4. Bewahre das Peeling im Kühlschrank auf.

Erdbeer-Handpeeling

Zutaten:

- 150 g Zucker
- 50 g Kokosöl
- 1 Tropfen Seifenfarbe Purpur
- Erdbeer-Duftöl

Zubereitung:

1. Schmilz das Kokosöl in einem Wasserbad oder in der Mikrowelle.
2. Vermenge das Öl nun mit dem Zucker.
3. Füge Seifenfarbe sowie Duftöl hinzu und vermenge alle Komponenten, bis eine krümelige Konsistenz entsteht.
4. Fülle das Peeling in ein luftdichtes Behältnis ab.

Nagelpflege

Honig-Nagelhautcreme

Zutaten:

- 1 TL Honig
- 20 g Bienenwachs
- 45 g Kokosöl
- 3 Tropfen ätherisches Öl nach Wahl

Zubereitung:

1. Erhitze das Bienenwachs und Kokosöl in einem Wasserbad, bis beide Zutaten flüssig sind.
2. Rühre nun den Honig sowie die ätherischen Öle ein.
3. Fülle die Nagelhautcreme in ein geeignetes Behältnis und lasse sie vollständig abkühlen und aushärten.

Nagelöl mit Zitronenglanz

Zutaten:

- 2 EL Olivenöl
- 1 EL Kokosöl
- 1 TL Vitamin E-Öl
- 2 Tropfen ätherisches Lavendelöl
- 2 Tropfen ätherisches Zitronenöl

Zubereitung:

1. Erwärme das Olivenöl mit dem Kokosöl unter Rühren in einem Wasserbad, bis das Kokosöl flüssig geworden ist und sich mit dem Olivenöl vermengt.
2. Nimm die Mischung aus dem Wasserbad und lasse sie kurz abkühlen.

3. Füge nun das Vitamin E-Öl sowie die ätherischen Öle hinzu und vermenge alle Zutaten miteinander.
4. Fülle das warme Öl in eine Schüssel und tauche deine Fingernägel hinein. Massiere das Öl in Nägel und Nagelhaut und reibe sie anschließend mit einem Tuch trocken.

Nagelpflege-Öl

Zutaten:

- 2 TL Kokosöl
- 1 TL Arganöl
- 1 TL Honig
- 7 Tropfen ätherisches Bergamottöl
- 5 Tropfen ätherisches Orangenöl

Zubereitung:

1. Schmilz das Kokosöl in der Mikrowelle oder in einem Wasserbad.
2. Gieße das Öl nun in eine flache Schale und füge Arganöl, Honig sowie die ätherischen Öle hinzu.
3. Vermenge alle Zutaten miteinander und lege anschließend die Fingerspitzen in das warme Öl. Lasse sie zehn Minuten darin einweichen und spüle sie anschließend mit lauwarmem Wasser ab. Wiederhole den Vorgang zwei bis drei Mal die Woche, um stärkere Nägel zu bekommen.

Fußpflege

Lavendel-Fußcreme

Entspannend

Zutaten:

- 120 ml Olivenöl
- 55 g Bienenwachspastillen
- 2 EL Kokosöl
- 15 Tropfen ätherisches Lavendelöl

Zubereitung:

1. Gib das Olivenöl, die Bienenwachspastillen und das Kokosöl in ein Wasserbad und schmilz alle Komponenten unter stetigem Rühren.
2. Nimm die Flüssigkeit vom Herd und lasse sie kurz unter gelegentlichem Rühren auskühlen.
3. Füge das ätherische Öl hinzu und fülle die Creme in ein luftdichtes Behältnis. Lasse sie vollkommen aushärten.

Pfefferminz-Fußcreme

Gegen geschwollene Füße

Zutaten:

- 25 g Kakaobutter
- 25 g Kokosöl
- 50 g Sheabutter
- 5 ml Jojobaöl
- 20 Tropfen ätherisches Pfefferminzöl
- 15 Tropfen ätherisches Zitronenöl

Zubereitung:

1. Gib das Kokosöl und die Kakaobutter in separate Behältnisse und schmilz die Zutaten in einem Wasserbad.
2. Gib die Sheabutter und das Jojobaöl zum Kokosöl und rühre die Zutaten unter.
3. Gib anschließend die Kakaobutter hinzu und vermenge die Zutaten mithilfe eines Stabmixers.
4. Sobald eine homogene Creme entstanden ist, kannst du die ätherischen Öle einrühren und die Creme vollständig erkalten lassen.

Avocado-Fußsalbe

Für weiche Füße

Zutaten:

- 35 ml Avocadoöl
- 3 g Bienenwachs
- 2 EL Kokosöl
- 10 ml Ringelblumenöl

Zubereitung:

1. Erwärme das Bienenwachs und das Kokosöl in einem Wasserbad unter Rühren, bis beide Komponenten geschmolzen sind und sich miteinander vermischt haben.
2. Nimm die Flüssigkeit vom Herd und lasse sie kurz abkühlen.
3. Gib nun das Avocadoöl sowie das Ringelblumenöl hinzu und vermenge alle Zutaten miteinander.
4. Fülle die Salbe in geeignete Tiegel und lasse sie im Kühlschrank abkühlen und aushärten.

Wärmende Fußcreme

Zutaten:

- 25 g Kakaobutter
- 25 g Kokosöl
- 50 g Sheabutter
- 20 Tropfen ätherisches Eukalyptusöl

Zubereitung:

1. Schmilz die Kakaobutter und das Kokosöl in separaten Behältnissen in einem Wasserbad.
2. Füge die Sheabutter zum Kokosöl hinzu, bis diese flüssig ist und sich mit dem Kokosöl verrühren lässt.
3. Gib nun die Kakaobutter zum Kokosöl und verrühre alle Zutaten miteinander.
4. Nimm die Masse vom Herd und lasse sie kurz abkühlen.
5. Mixe die Creme mit einem Stabmixer, bis eine cremige Konsistenz entsteht.
6. Gib das ätherische Öl hinzu und verrühre alle Zutaten miteinander.
7. Fülle die Creme in geeignete Behältnisse und lasse sie vollständig erkalten.

Magnesium-Fußpeeling

Beruhigend

Zutaten:

- 225 g Bittersalz
- 60 ml Olivenöl
- 1 TL flüssige Kastilienseife
- 10 Tropfen ätherisches Öl nach Wahl

Zubereitung:

1. Vermenge das Bittersalz mit dem Olivenöl und der Kastilienseife in einem geeigneten Behältnis.
2. Füge anschließend das ätherische Öl hinzu und rühre gründlich um.
3. Fülle das Peeling in ein luftdichtes Behältnis.

Kamillentee-Fußpeeling

Zutaten:

- 2 EL Backpulver
- 1 EL Bittersalz
- 2 TL Kamillentee

Zubereitung:

1. Brühe den Kamillentee auf und lasse ihn zehn Minuten lang ziehen.
2. Entferne den Teebeutel und verrühre den Tee mit dem Backpulver, bis sich eine Paste gebildet hat.
3. Rühre nun das Bittersalz unter und fülle das Peeling in ein geeignetes Behältnis.

Ingwer-Fußpeeling

Zutaten:

- 50 ml Kokosöl
- 1 TL Ingwer
- 50 g grobes Meersalz
- 50 ml Mandelöl
- 150 g Zucker
- 10 Tropfen ätherisches Zitronengrasöl

Zubereitung:

1. Hacke den Ingwer fein.
2. Erwärme währenddessen das Kokosöl in einem Wasserbad, bis es zu schmelzen beginnt. Gib den Ingwer hinzu und erwärme beide Zutaten zehn Minuten lang unter Rühren.
3. Seihe das Kokosöl ab und fange es auf.
4. Vermenge das Kokosöl mit dem Mandelöl und lasse die Masse abkühlen.
5. Füge nun den Zucker, das Salz und das Zitronengrasöl hinzu und vermenge die Zutaten, bis eine Paste entsteht.

Blüten-Fußbad

Beruhigend

Zutaten:

- 30 g getrocknete Kamillenblüten
- 15 g getrocknete Lavendelblüten
- 15 g getrocknete Calendulablüten
- 10 Tropfen ätherisches Lavendelöl
- 30 g Meersalz
- 30 g Bittersalz
- 1 EL Kokosöl

Zubereitung:

1. Bringe 700 ml Wasser zum Kochen und lege die getrockneten Blüten in ein großes Einmachglas.
2. Übergieße die Blüten mit dem kochendem Wasser und lasse den Sud eine Stunde lang ziehen.
3. Erhitze genug Wasser für ein Fußbad.
4. Gib das Salz in eine große Schüssel und füge Kokosöl und ätherisches Öl hinzu.
5. Seihe die Blüten ab und fange den Sud auf.
6. Gieße nun den Sud der getrockneten Blüten über das Salz in der großen Schüssel.
7. Gib das weitere heiße Wasser hinzu und verrühre alle Komponenten so lange, bis das Kokosöl sich aufgelöst hat und das Wasser gut duftet.
8. Lasse deine Füße für ungefähr 20 Minuten in dem Fußbad einweichen.

Detox-Fußbad

Entgiftend

Zutaten:

- 2 EL Bentonit
- 1 EL Apfelessig
- 115 g Bittersalz
- 6 L heißes Wasser

Zubereitung:

1. Löse das Bittersalz in dem heißen Wasser auf (das Wasser sollte nicht kochen).
2. Stelle deine Füße für mindestens 15 Minuten in dieses Wasser und lasse sie einweichen.
3. Mische den Bentonit-Ton mit dem Apfelessig zu einer glatten Paste. Streiche diese Paste über Füße und Knöchel und lasse sie zehn Minuten lang einwirken.

4. Stelle die Füße nun wieder in das Bittersalz-Wasser und lasse sie erneut 15 Minuten lang einweichen. Den Ton kannst du währenddessen mit den Händen sanft ab-massieren.

Duftpulver

Erfrischend und gegen schlechten Geruch

Zutaten:

- 6 EL Maisstärke
- 3 EL Backpulver
- 7 Tropfen ätherisches Teebaumöl
- 7 Tropfen ätherisches Eukalyptusöl
- 10 Tropfen ätherisches Pfefferminzöl

Zubereitung:

1. Vermenge alle Zutaten in einem geeigneten Gefäß miteinander und fülle sie in ein luftdichtes Behältnis.
2. Trage das Pulver nach Belieben auf den Fußsohlen und zwischen den Zehen auf oder streue es in Schuhe ein.

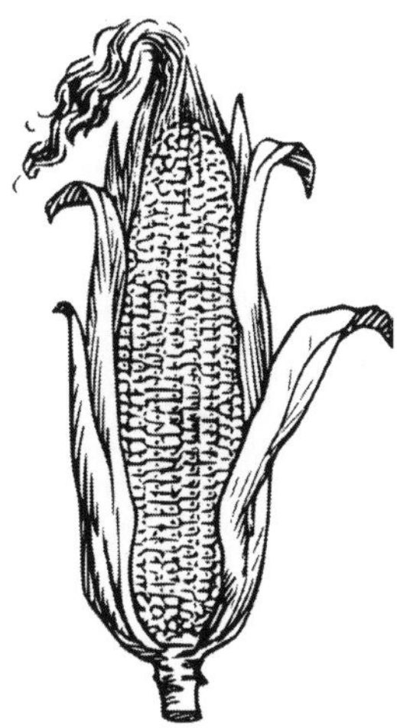

Deodorant

Teebaumöl-Deostick

Zutaten:

- 20 g Sonnenblumenwachs
- 1 EL Speisestärke
- 1 EL Natron
- 80 g Kokosöl
- 15 Tropfen ätherisches Teebaumöl

Zubereitung:

1. Erwärme das Kokosöl in einem Wasserbad, bis es eine flüssige Konsistenz erhält.
2. Füge Sonnenblumenwachs hinzu und vermenge ihn unter Rühren mit dem Kokosöl.
3. Nimm die Masse aus dem Wasserbad und lasse sie kurz abkühlen.
4. Füge das Teebaumöl hinzu und rühre dieses unter.
5. Befülle eine alte Deodorant-Verpackung oder eine Silikonform mit der Masse und lasse diese darin vollkommen auskühlen und aushärten.

Orangenduft-Deostick

Pflegend

Zutaten:

- 60 g Jojobaöl
- 20 g Beerenwachs
- 2 EL Speisestärke
- 1 TL Natron
- 10 Tropfen ätherisches Orangenöl
- 5 Tropfen ätherisches Lemongrasöl
- 5 Tropfen ätherisches Salbeiöl

Zubereitung:

1. Erwärme Beerenwachs und Jojobaöl in einem Wasserbad unter Rühren, bis beide Zutaten flüssig sind.
2. Nimm die Masse aus dem Wasserbad und füge Natron und Speisestärke hinzu. Vermenge alle Zutaten gründlich und lass sie anschließend kurz abkühlen.
3. Füge nun die ätherischen Öle hinzu und rühre diese unter.
4. Lasse die Masse in einer Silikonform oder in einer alten Deodorant-Verpackung abkühlen und aushärten.

Lavendel-Deostick

Für empfindliche Haut

Zutaten:

- 10 g Sonnenblumenwachs
- 1 EL Speisestärke
- 40 ml Kokosöl
- 15 g Natron
- 10 Tropfen ätherisches Lavendelöl

Zubereitung:

1. Schmilz das Kokosöl in einem Wasserbad und gib anschließend das Sonnenblumenwachs hinzu. Schmilz dieses ebenfalls.
2. Sobald Kokosöl und Wachs geschmolzen sind, nimmst du das Behältnis aus dem Wasserbad und mengst Stärke und Natron unter.
3. Lasse die Masse kurz abkühlen.
4. Gib nun das ätherische Öl hinzu und befülle Silikonförmchen oder eine alte Deodorant-Verpackung mit der Masse. Lasse diese darin vollkommen abkühlen und aushärten.

Salbei-Deostick

Zutaten:

- 50 g Kokosöl
- 1 EL Kartoffelstärke
- 10 g Bienenwachs
- 5 g Natron
- 10 Tropfen ätherisches Salbeiöl

Zubereitung:

1. Erwärme das Kokosöl und das Bienenwachs in einem Wasserbad und bringe beide Zutaten unter Rühren zum Schmelzen.
2. Nimm das Behältnis mit den Ölen aus dem Wasserbad und füge Stärke sowie Natron hinzu. Vermenge alle Zutaten gründlich und lasse die Masse anschließend kurz abkühlen.
3. Füge nun das ätherische Öl hinzu und befülle Silikonformen oder eine alte Deodorant-Verpackung mit der Masse. Lasse diese darin vollständig auskühlen und aushärten.

Jojobaöl-Deostick

Zutaten:

- 30 ml Jojobaöl
- 8 g Bienenwachs
- 10 g Sheabutter
- 10 Tropfen ätherisches Teebaumöl
- 4 g Natron

Zubereitung:

1. Erhitze Bienenwachs und Jojobaöl in einem geeigneten Behältnis in einem Wasserbad, bis beide Zutaten schmelzen.
2. Nimm das Behältnis aus dem Wasserbad und lasse den Inhalt kurz abkühlen.
3. Zermahle das Natron währenddessen in einem Mörser.
4. Gib nun die Sheabutter zum flüssigen Öl und schmelze diese unter Rühren.
5. Gib nun das ätherische Öl sowie das Natron hinzu und fülle die Masse in Silikonformen oder eine alte Deodorant-Verpackung. Lasse sie darin vollkommen auskühlen und aushärten.

Rosenwasser-Deospray

Zutaten:

- 100 ml Rosenwasser
- 1 TL Natron
- 20 ml Salzsohle
- 20 Tropfen Bachblüten-Tinktur
- 5 Tropfen ätherisches Rosenöl

Zubereitung:

1. Befülle einen Pumpspraybehälter mit allen Zutaten.
2. Verschließe das Behältnis und schüttle es kräftig durch, damit die Zutaten sich miteinander vermengen.
3. Denke daran, das Deo vor jeder Nutzung gründlich zu schütteln.

Lindenblüten-Deospray

Zutaten:

- 3 EL getrocknete Lindenblüten
- 100 ml Wasser
- 5 Tropfen ätherisches Zitronenöl
- 1 TL Natron

Zubereitung:

1. Gib die Lindenblüten mit dem Natron und dem Wasser in ein luftdichtes Behältnis und lasse sie einen Tag lang ziehen.
2. Seihe die Blüten ab und fange den Sud auf.
3. Gib den Sud zusammen mit dem ätherischen Öl in eine Pumpsprayflasche und denke daran, das Deo vor jeder Nutzung gründlich zu schütteln.

Sheabutter-Deocreme

Pflegend für empfindliche und trockene Haut

Zutaten:

- 100 g Sheabutter
- 30 g Kakaobutter
- 10 g Natron
- 20 g Speisestärke

Zubereitung:

1. Schmilz die Sheabutter in einem Wasserbad, bis sie eine flüssige Konsistenz erhält.
2. Nimm die Sheabutter aus dem Wasserbad und füge Kakaobutter, Natron und Speisestärke hinzu.
3. Vermenge alle Zutaten gründlich miteinander und fülle die Masse in Tiegel ab.
4. Lasse die Deo-Creme im Kühlschrank vollständig auskühlen und aushärten. Bewahre sie gekühlt auf.

Vanille-Deospray

Zutaten:

- 100 ml abgekochtes Wasser
- 2 EL Natron
- 10 Tropfen ätherisches Vanilleöl

Zubereitung:

1. Koche das Wasser einmal auf und lasse es anschließend lauwarm abkühlen.
2. Füge das Natron hinzu und vermenge es mit dem Wasser.
3. Gib nun das ätherische Öl hinzu und fülle die Deo-Flüssigkeit in eine Pumpsprayflasche ab.
4. Schüttle das Deo vor der Nutzung immer gründlich durch.

Kokos-Deocreme

Unsichtbar auf Kleidung und zieht schnell ein

Zutaten:

- 60 g Kokosöl
- 30 g Jojobaöl
- 4 TL Natron
- 4 TL Speisestärke

Zubereitung:

1. Schmilz das Kokosöl in einem Wasserbad, bis es eine flüssige Konsistenz hat.
2. Zermahle währenddessen das Natron in einem Mörser.
3. Vermenge Natron und Stärke und rühre das flüssige Kokosöl nach und nach unter die Pulver.
4. Gib nun das Jojobaöl hinzu und rühre so lange um, bis eine cremige Konsistenz entsteht.
5. Fülle die Deocreme in einen Tiegel ab. Solltest du sie als Deostick nutzen wollen, musst du sie im Kühlschrank aufbewahren, wo sie eine festere Konsistenz erhält.

Parfüm

Rosen-Jasmin-Parfüm

Zutaten:

- 20 Tropfen ätherisches Rosenöl
- 10 ml Ethanol
- 10 Tropfen ätherisches Sandelholzöl
- 10 Tropfen ätherisches Jasminöl

Zubereitung:

1. Vermenge die Zutaten in einem geeigneten Behältnis miteinander und fülle sie anschließend in ein kleines, luftdichtes Fläschchen.
2. Lasse das Parfüm zwei Wochen lang ziehen und schwenke es alle paar Tage durch.

Holznoten-Parfüm

Zutaten:

- 5 Tropfen ätherisches Rosenöl
- 10 ml Jojobaöl
- 5 Tropfen ätherisches Bergamottöl
- 10 Tropfen ätherisches Sandelholzöl

Zubereitung:

1. Vermische alle Zutaten miteinander und fülle sie in ein luftdichtes Fläschchen.
2. Lasse das Parfüm zwei Wochen lang ziehen, schwenke das Behältnis dabei alle paar Tage leicht durch.

Lavendel-Zitronen-Parfüm

Zutaten:

- 3 Tropfen ätherisches Vanilleöl
- 10 ml Ethanol
- 10 Tropfen ätherisches Zitronenöl
- 10 Tropfen ätherisches Lavendelöl

Zubereitung:

1. Vermenge alle Zutaten in einer Schale miteinander und befülle anschließend ein luftdichtes Fläschchen mit der Flüssigkeit.
2. Lasse das Parfüm zwei Wochen lang ruhen. Schwenke die Flasche dabei gelegentlich durch.

Liebliches Vanille-Parfüm

Zutaten:

- 5 Tropfen Neroliöl
- 10 ml Jojobaöl
- 5 Tropfen ätherisches Rosenöl
- 20 Tropfen ätherisches Vanilleöl

Zubereitung:

1. Vermenge alle Komponenten miteinander in einer Schale.
2. Befülle anschließend eine kleine, luftdichte Flasche mit der Flüssigkeit.
3. Lasse das Parfüm zwei Wochen lang ruhen, schwenke es dabei gelegentlich leicht.

Lavendel-Zitronen-Parfüm

Zutaten:

- 5 Tropfen ätherisches Bergamottöl
- 10 ml Ethanol
- 10 Tropfen ätherisches Lavendelöl
- 20 Tropfen ätherisches Zitronenöl

Zubereitung:

1. Vermenge die Ölsorten mit dem Ethanol und fülle die Flüssigkeit in eine kleine, luftdichte Flasche.
2. Lasse das Parfüm zwei Wochen lang ziehen und schwenke es dabei gelegentlich leicht durch.

Flieder-Parfüm

Zutaten:

- 10 Tropfen ätherisches Sandelholzöl
- 10 ml Jojobaöl
- 10 Tropfen ätherisches Rosenöl
- 15 Tropfen ätherisches Fliederöl

Zubereitung:

1. Vermenge die Ölsorten gründlich miteinander und fülle sie in ein kleines Fläschchen.
2. Lasse das Parfüm zwei Wochen lang ziehen und schwenke das Behältnis gelegentlich leicht.

Lilien-Rosen-Parfüm

Zutaten:

- 5 Tropfen ätherisches Sandelholzöl
- 10 ml Jojobaöl
- 5 Tropfen ätherisches Rosenöl
- 10 Tropfen ätherisches Lilienöl

Zubereitung:

1. Vermenge die Öle gründlich miteinander.
2. Fülle die Flüssigkeit in ein kleines, luftdichtes Behältnis ab.
3. Lasse das Parfüm zwei Wochen lang ziehen, schwenke es alle paar Tage vorsichtig.

Veilchen-Parfum

Zutaten:

- 5 Tropfen Neroliöl
- 10 ml Jojobaöl
- 10 Tropfen ätherisches Veilchenöl

Zubereitung:

1. Vermenge alle Ölsorten gründlich miteinander.
2. Fülle die Flüssigkeit nun in eine kleine, luftdichte Flasche.
3. Lasse das Parfüm zwei Wochen lang ruhen und schwenke die Flasche gelegentlich leicht.

Mandel-Sandelholz-Parfüm

Zutaten:

- 2 Tropfen ätherisches Lemongrasöl
- 10 ml Mandelöl
- 15 Tropfen ätherisches Sandelholzöl
- 5 Tropfen ätherisches Rosenholzöl
- 5 Tropfen ätherisches Zedernöl

Zubereitung:

1. Vermenge alle Ölsorten gründlich miteinander.
2. Fülle die Flüssigkeit nun in eine kleine, luftdichte Flasche.
3. Lasse das Parfüm zwei Wochen lang ruhen und schwenke es gelegentlich leicht durch.

Festes Parfüm

Grundrezept

Zutaten:

- 5 g Bienenwachs
- 10 g Kakaobutter
- 20 g Sheabutter
- 25 Tropfen ätherisches Öl nach Wahl

Zubereitung:

1. Schmilz Bienenwachs, Kakaobutter und Sheabutter in einem Wasserbad, bis alle Komponenten flüssig sind und sich verrühren lassen.
2. Nimm die Masse aus dem Wasserbad und lasse sie kurz abkühlen.
3. Füge nun das ätherische Öl hinzu und vermenge alle Zutaten gründlich miteinander.
4. Befülle ein kleines Behältnis oder einen Tiegel mit der Masse und lasse sie im Kühlschrank auskühlen und aushärten.

Dekorative Kosmetik

Sheabutter-Lipgloss

Zutaten:

- 1 Messlöffel Perlglanz-Pigmente
- 30 g Jojobaöl
- 5 g Kokosöl
- 10 g Sheabutter
- 5 g Bienenwachs

Zubereitung:

1. Vermenge das Kokosöl mit dem Jojobaöl und dem Bienenwachs und schmilz alle Zutaten in einem Wasserbad.
2. Rühre nun die Sheabutter ein, bis diese ebenfalls eine flüssige Konsistenz erhält.
3. Gib zum Schluss die Perlglanz-Pigmente hinzu und vermenge alle Zutaten miteinander.
4. Lasse den Lipgloss abkühlen und fülle ihn anschließend in ein geeignetes Behältnis.

Erdbeer-Lipgloss

Zutaten:

- 3 reife Erdbeeren
- 1 EL Sheabutter
- 1 EL Kokosöl
- 2 TL Birkenzucker
- ½ TL Sojalecithin Granulat

Zubereitung:

1. Wasche die Erdbeeren und gib sie anschließend in eine Schüssel.
2. Zerdrücke die Erdbeeren mithilfe einer Gabel, sodass der Saft austritt. Fange den Saft auf und gib ihn in einen Kochtopf.
3. Koche den Erdbeersaft kurz auf und gib anschließend Xylit, Sheabutter und das Kokosöl hinzu. Rühre so lange um, bis alle Zutaten geschmolzen sind.
4. Zerdrücke das Sojalecithin Granulat und rühre es in die restlichen Zutaten im Topf ein, bis es sich aufgelöst hat.
5. Gib die Flüssigkeit durch ein Sieb und fülle sie in ein geeignetes Behältnis. Lasse den Lipgloss darin auskühlen.

Natürlicher Highlighter und Concealer

Zutaten:

- 2 TL Arganöl
- 1 TL Sheabutter
- ½ TL Bienenwachs
- 1 EL Aloe Vera-Gel
- 1 TL Hamameliswasser
- 2 EL Zinkoxid (nicht-nano)
- ¼ TL Kakaopulver
- ½ TL Tonerde nach Wahl

Zubereitung:

1. Schmilz Sheabutter, Bienenwachs und Arganöl langsam in einem Wasserbad.
2. Gib das Aloe Vera-Gel sowie das Hamameliswasser hinzu und verrühre alle Zutaten zu einer glatten Masse.
3. Nimm die Zutaten aus dem Wasserbad und füge nach und nach Zink und Ton hinzu.
4. Streue nun das Kakaopulver hinein, bis die gewünschte Farbe erreicht ist. Du kannst den Farbton testen, indem du die Spitze eines Teelöffels in die Masse tauchst, diese kurz abkühlen lässt und anschließend auf deiner Haut testest.
5. Gib die Masse in ein geeignetes Behältnis und lasse sie darin abkühlen.

Flüssige Foundation

Zutaten:

- 2 TL Arganöl
- 1 TL Sheabutter
- ½ TL Bienenwachs
- 1 EL Aloe Vera-Gel
- 1 TL Hamameliswasser
- 1-4 TL Zinkoxidpulver
- 174 TL Kakaopulver
- ½ TL Gold-Glimmerpuder (plastikfrei)
- ½ Ton TL nach Wahl

Zubereitung:

1. Schmilz Sheabutter, Arganöl und Bienenwachs in einem Wasserbad.
2. Füge Aloe Vera-Gel und Hamameliswasser hinzu und arbeite beide Zutaten unter Rühren ein.
3. Stelle die Hitze ab und gib nach und nach die Farben hinzu. Gib zunächst Zink und Ton bis zur gewünschten Deckkraft hinzu.
4. Gib anschließend das Kakao- und Glimmerpulver hinzu, bis der gewünschte Farbton erreicht ist.
5. Lasse die Foundation in einem geeigneten Behältnis abkühlen.

Grundierungs-Pulver

Zutaten:

- 1 EL Maisstärke
- Kakaopulver (verdunkelt)
- Zimt (verdunkelt und füllt)
- Ingwer (für gelbe Hautpigmente)
- French Green Clay (bei Hautrötungen, diesen wirkt Grund entgegen)
- Bentonit

Zubereitung:

1. In diesem Rezept sind bewusst keine Mengenangaben vorgegeben, denn hier musst du selbst austesten, welche Menge der Zutaten du für deinen Hautton benötigst.
2. Beginne mit ungefähr einem Esslöffel Maisstärke, welche du in eine kleine Schüssel gibst.
3. Mische nun nach und nach kleine Mengen der restlichen Zutaten hinzu, bis du deinen Hautton getroffen hast.
4. Fülle das Grundierungspuder in ein geeignetes Gefäß.

Lidschatten

Zutaten:

- ½ TL Pfeilwurzelpulver
- ½ TL Sheabutter
- Farbkomponenten:
    - *Blassrosa:* ½ TL getrocknetes Rübenpulver und 1/8 TL Kakaopulver
    - *Mauve:* ¾ TL Piment, ¾ TL getrocknetes Rübenpulver, ¼ TL Kakaopulver
    - *Goldbraun:* ¾ TL Muskatnuss, ½ TL Kurkuma

Zubereitung:

1. Gib das Pfeilwurzelpulver in eine Schüssel und füge die gewünschten Farbtöne hinzu.
2. Gib nun die Sheabutter hinzu und verrühre alle Zutaten so lange, bis eine cremige Konsistenz entsteht.
3. Fülle deinen Lidschatten in ein geeignetes Behältnis.

Eyeliner

Zutaten:

- 2 TL Kokosöl
- 4 TL Aloe Vera-Gel
- ½ Kapsel Aktivkohle (für schwarzen Eyeliner) oder ½ TL Kakaopulver (für braunen Eyeliner)

Zubereitung:

1. Vermenge alle Zutaten in einer kleinen Schüssel miteinander, bis eine einheitliche Masse entsteht.
2. Befülle diese Masse in ein geeignetes Gefäß.
3. Du verwendest den Eyeliner, indem du eine kleine Menge auf eine saubere Bürste gibst und diese mit etwas Übung als Umrandung der Augen aufträgst.

Mascara

Zutaten:

- 2 TL Kokosöl
- 4 TL Aloe Vera-Gel
- ½ TL Bienenwachspastillen
- 1-2 Kapseln Aktivkohle (alternativ Kakaopulver)

Zubereitung:

1. Gib das Kokosöl, das Aloe Vera-Gel und das Bienenwachs in ein Wasserbad und schmilz alle Zutaten unter Rühren.
2. Nimm die Zutaten vom Herd und gib die Aktivkohle oder das Kakaopulver hinzu.
3. Rühre solange, bis alle Zutaten sich miteinander vermengt haben.
4. Befülle ein geeignetes Behältnis, zum Beispiel eine leere Mascara-Verpackung, mit deiner selbstgemachten Mascara und lasse sie darin abkühlen.

Augenbrauenfüller

Zutaten:

- 1½ TL Mandelöl
- 2½ TL Kakaopulver
- 1 TL Maisstärke
- Aktivkohle

Zubereitung:

1. Vermenge alle Zutaten in einer kleinen Schüssel miteinander.
2. Gib die Aktivkohle und das Kakaopulver, abhängig von der Farbe deiner Augenbrauen, hinzu und taste dich vorsichtig zu dem richtigen Ergebnis hin.
3. Fülle den Augenbrauenfüller in ein geeignetes Gefäß und verwende ihn mit einem dünnen, sauberen Pinsel.

Rouge

Zutaten:

- Pinkes Rouge:
  - 2 TL Rosenglimmerpulver
  - 1 TL Kaolin-Ton
  - 1½ TL Sheabutter
- Pink-Bronze-Rouge:
  - 1 TL Rosenglimmerpulver
  - 1 TL Kakaopulver
  - 2¼ TL Sheabutter
- Sonnenkuss-Rouge:
  - 2¼ TL Kakaopulver
  - ¾ TL Rosenglimmerpulver
  - 2¼ TL Sheabutter

Zubereitung:

1. Gib die Zutaten für den gewünschten Rouge-Farbton in einen Mörser und vermenge sie mithilfe eines Stößels oder einer Gabel.
2. Bewahre das Rouge in einer geeigneten Dose auf und verwende es mithilfe eines Pinsels.

Bronzer

Zutaten:

- 1 EL Maisstärke
- 2 TL Kakaopulver
- 1 TL Zimt

Zubereitung:

1. Gib die Maisstärke in eine kleine Schüssel.

2. Füge nun nach und nach Zimt und Kakaopulver hinzu, bis die gewünschte Farbe erreicht ist. Rühre dabei immer wieder gründlich um.
3. Fülle den Bronzer in eine geeignete Dose ab und verwende ihn mithilfe eines sauberen Pinsels.

Make-Up-Entferner

Mit Peeling-Effekt

Zutaten:

- 1 EL afrikanische schwarze Seife
- 1 EL marokkanischer Ghassoul-Ton
- 1 EL French Green Clay
- 1 TL Backsoda
- 5 Tropfen ätherisches Teebaumöl

Zubereitung:

1. Gib den Ghassoul-Ton, die afrikanische schwarze Seife, den French Green Clay und das Backsoda in eine Kaffeemühle oder zermahle die Zutaten mithilfe von Mörser und Stößel.
2. Fülle das Pulver in ein Einmachglas und gib das ätherische Teebaumöl hinzu. Vermische alle Zutaten gründlich miteinander.
3. Für die Verwendung nimmst du eine kleine Menge des Pulvers in die Hand und vermengst es mit einigen Tropfen Wasser.
4. Massiere die Paste auf der Gesichtshaut und spüle sie gründlich ab.

Heilende Salben

Löwenzahn-Salbe

Bei Gelenkschmerzen und rissiger und trockener Haut

Zutaten:

- 1 halbes Einmachglas voll Löwenzahnblüten
- 1 halbes Einmachglas Kokosöl
- 5 Tropfen ätherisches Öl nach Belieben

Zubereitung:

1. Sammle die Löwenzahnblüten (du kannst die ganzen Köpfe verwenden) an einem Ort, an dem sie nicht von der Straße oder zu vielen Hunden belastet worden sind.
2. Wasche den Löwenzahn und lasse ihn anschließend zwei Tage lang an einem schattigen Ort trocknen.
3. Erhitze das Kokosöl in einem Wasserbad auf ungefähr 40°C.
4. Gib den Löwenzahn hinein und lasse beide Zutaten zwei Stunden lang bei niedriger Hitzezufuhr ziehen.
5. Seihe den Löwenzahn anschließend ab und fange das Öl auf. Gib nach Belieben ätherische Öle hinzu.
6. Du kannst das Öl direkt in Behälter füllen und auskühlen lassen, dann erhältst du eine feste, salbenartige Konsistenz. Du kannst die Masse auch erst aushärten lassen und anschließend mit einem Mixstab aufschlagen, dann erhältst du eine lockere Creme.
7. Bewahre die Löwenzahn-Salbe an einem kühlen und dunklen Ort auf.

Pfefferminz-Creme

Gegen Juckreiz

Zutaten:

- 1 TL Zinkoxidpulver (nicht-nano)
- 1 TL feines Meersalz
- 1 TL Backpulver
- 2 TL Bentonit
- 1 EL Hamameliswasser
- 10 Tropfen ätherisches Pfefferminzöl

Zubereitung:

1. Vermenge Zinkoxid, Meersalz, Backpulver und Bentonit in einer kleinen Schüssel.
2. Gib nach und nach das Hamamelis-Wasser hinzu, bis eine cremige Konsistenz entsteht.
3. Gib nun das ätherische Öl hinzu und bewahre die Creme in einem luftdichten Gefäß an einem kühlen und dunklen Ort auf.

Fieberbläschen-Salbe

Gegen Lippenherpes

Zutaten:

- 160 ml Trägeröl
- 8 g getrocknete Kamillenblüten
- 8 g getrocknete Zitronenmelisse
- 15 g Bienenwachs
- 10 Tropfen ätherisches Zitronenmelissenöl
- 5 Tropen ätherisches Kamillenöl
- 1 TL Rizinusöl

Zubereitung:

1. Zerbrösle die getrockneten Kräuter in ein Einmachglas und übergieße sie mit dem Trägeröl. Schließe das Glas luftdicht und lasse das Öl vier bis sechs Wochen lang ziehen. Schüttle das Glas dabei alle paar Tage durch, um die Wirkstoffe aus den Kräutern zu lösen.
2. Seihe die Kräuter nach Ablauf der Zeit ab und fange das Öl auf.
3. Verwende 120 ml des Öls (gegebenenfalls gibst du frisches Öl hinzu) und gib dieses mit dem Bienenwachs und dem Rizinusöl in ein Wasserbad.
4. Vermenge alle Zutaten miteinander und gib die ätherischen Öle hinzu.
5. Fülle die Salbe in geeignete Behälter und bewahre sie an einem kühlen und dunklen Ort auf.

Vitamin C-Serum

Gegen trockene und alternde Haut sowie Akne

Zutaten:

- ½ TL Vitamin C-Pulver (natürliches Lebensmittel)
- 1 EL destilliertes Wasser

Zubereitung:

1. Löse das Pulver in dem Wasser auf.
2. Fülle die Mischung in einen dunklen Behälter, denn Vitamin C oxidiert schnell.
3. Bewahre das Serum an einem dunklen und kühlen Ort auf.

Muskelsalbe

Für schmerzende Muskeln

Zutaten:

- 150 ml Kokosöl
- 115 ml Olivenöl
- 30 g Ingwer
- 15 g getrockneter Beinwell
- 45 g Kakaobutter
- 115 g Bienenwachs
- 40 Tropfen ätherisches Zypressenöl
- 40 Tropfen ätherisches Rosmarinöl
- 40 Tropfen ätherisches Lavendelöl

Zubereitung:

1. Gib das Kokosöl mit dem geriebenen Ingwer und dem Beinwell in ein Wasserbad und lasse alle Zutaten bei niedriger Hitzezufuhr unter gelegentlichem Rühren eine Stunde lang ziehen.
2. Seihe das Öl ab und fange es auf.
3. Gib die Kakaobutter und das Bienenwachs hinzu und verrühre alle Zutaten, bis du eine flüssige Konsistenz vor dir hast.
4. Gib die ätherischen Öle hinzu und lasse die Salbe in einem geeigneten Behälter abkühlen und aushärten.

Kamillen-Salbe

Gegen rissige und trockene Haut

Zutaten:

- 2 Handvoll getrocknete Kamillenblüten
- 150 ml Olivenöl
- 2 EL Kokosöl
- 20 g Bienenwachs

Zubereitung:

1. Gib Kokosöl und Olivenöl in ein Wasserbad und erwärme beide Komponenten vorsichtig.
2. Sobald das Kokosöl flüssig ist, kannst du das Bienenwachs hinzugeben und es unter Rühren ebenfalls schmelzen.
3. Gib nun die Kamillenblüten hinzu und lasse alle Zutaten auf niedriger Hitzestufe zwei Stunden lang ziehen.
4. Seihe das Öl ab und fülle es in geeignete Behältnisse. Lasse die Salbe im Kühlschrank vollkommen auskühlen.

Gänseblümchen-Salbe

Bei kleinen Wunden und Akne

Zutaten:

- 50 g Jojobaöl
- 1 Handvoll Gänseblümchen-Köpfe
- 5 g Bienenwachs

Zubereitung:

1. Gib das Jojobaöl und das Bienenwachs in ein Wasserbad und erhitze die Zutaten, bis das Wachs schmilzt und sich mit dem Jojobaöl vermengen lässt.
2. Gib nun die Gänseblümchen-Köpfe hinzu und lasse alle Zutaten auf niedriger Hitzestufe eine Stunde lang ziehen.
3. Seihe das Öl anschließend ab und fange es auf.

4. Gib die Masse in geeignete Behälter und lasse sie im Kühlschrank abkühlen und aushärten. Bewahre die Salbe an einem kühlen und dunklen Ort auf.

Erkältungs-Balsam

Zum Auftragen auf Brust und Rücken

Zutaten:

- 20 g Baumharz
- 50 ml Wacholderöl
- 50 ml Ringelblumenöl
- 4 Tropfen ätherisches Pfefferminzöl
- 8 g Bienenwachs

Zubereitung:

1. Da Harz sich nur schwer aus Töpfen entfernen lässt, bietet es sich an, einen alten Topf zu verwenden.
2. Gib das Harz in ein Wasserbad und füge Wacholder- sowie Ringelblumenöl hinzu. Erwärme alle Zutaten langsam und vorsichtig und verrühre sie dabei miteinander.
3. Fülle die Masse in ein neues Behältnis und gib das Bienenwachs hinzu. Verrühre so lange, bis das Wachs geschmolzen ist.
4. Gib nun das ätherische Öl hinzu und fülle die Salbe in geeignete Behältnisse. Lasse den Balsam im Kühlschrank abkühlen und aushärten und bewahre ihn an einem dunklen und kühlen Ort auf.

Lavendel-Salbe

Gegen Stress

Zutaten:

- 100 ml Lavendelöl
- 10 g Bienenwachs
- 5 Tropfen ätherisches Lavendelöl

Zubereitung:

1. Gib Lavendelöl und Bienenwachs in ein Wasserbad und erwärme beide Komponenten unter Rühren.
2. Sobald das Wachs sich aufgelöst hat, gibst du das ätherische Öl hinzu und verrührst alles miteinander.
3. Fülle die Salbe in geeignete Behältnisse ab und bewahre sie an einem dunklen und kühlen Ort auf.

Ringelblumen-Salbe

Bei Entzündungen, Neurodermitis oder kleineren Wunden

Zutaten:

- 250 ml Olivenöl
- 25 g getrocknete Ringelblumen
- 50 g Bienenwachspellets

Zubereitung:

1. Erhitze die Ringelblumen mit dem Olivenöl in einem Wasserbad auf niedriger Hitzestufe.
2. Lasse das Öl nun eine Stunde lang ziehen. Es darf dabei nicht zu heiß werden oder gar köcheln.
3. Seihe das Öl ab und fange es auf.
4. Gib nun das Bienenwachs hinzu und löse diese in dem Öl auf.
5. Fülle die Salbe in gereinigte und geeignete Behältnisse und lasse sie im Kühlschrank abkühlen und aushärten.

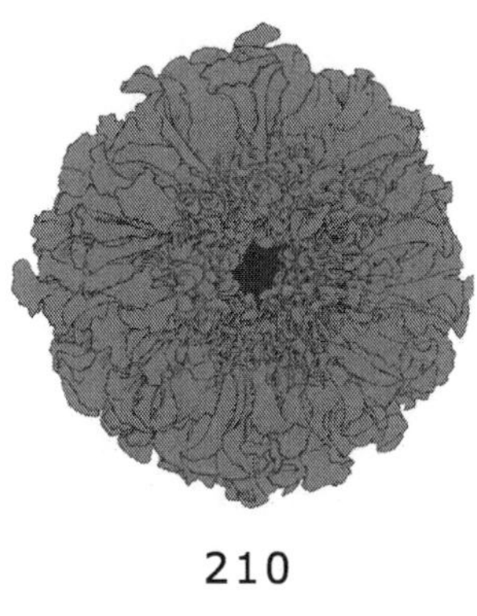

Sonnenschutz

Sonnencreme

Sonnencreme fürs Gesicht

Zutaten:

- 55 g Sheabutter
- 2 EL Jojobaöl
- 2 EL Bienenwachs
- 1 TL Vitamin E-Öl
- 10 Tropfen Himbeer-Öl
- 1 EL Zinkoxidpulver

Zubereitung:

1. Vermenge Jojobaöl, Bienenwachs, Sheabutter und das Vitamin E-Öl in einem Wasserbad miteinander, bis alle Komponenten eine flüssige Konsistenz erhalten haben.
2. Nimm die Masse aus dem Wasserbad und gib das Zinkoxid vorsichtig hinzu. Achte darauf, nichts einzuatmen!
3. Mische alle Zutaten, bis eine glatte Masse entsteht.
4. Fülle die Sonnencreme in einen luftdichten Behälter und trage sie an sonnigen Tagen auf. Die Sonnencreme hat einen Lichtschutzfaktor von ungefähr 30-40.

Wasserfeste Sonnencreme

Zutaten:

- 120 ml Kokosöl (LSF 10)
- 60 ml Mandelöl
- 55 g Bienenwachs
- 2 EL Sheabutter
- 1 TL Vitamin E-Öl
- 2 EL Zinkoxidpulver (LSF 20)

Zubereitung:

1. Schmilz Kokosöl, Mandelöl, Bienenwachs, Sheabutter und Vitamin E in einem Wasserbad unter Rühren, bis alle Zutaten flüssig sind und sich miteinander vermengt haben.
2. Gieße die Masse in ein geeignetes Behältnis und gib vorsichtig das Zinkoxid hinzu.
3. Rühre so lange um, bis eine glatte Masse entsteht.
4. Lasse die Sonnencreme im Kühlschrank auskühlen und bewahre sie dort auf. Trage die Creme an sonnigen Tagen auf und frische sie alle paar Stunden auf.

Sonnenschutzlotion

Für jeden Tag

Zutaten:

- 70 g Sheabutter (LSF 6-10)
- 45 ml Traubenkernöl (LSF 4)
- 15 Tropfen ätherisches Karottensamenöl
- 10 Tropfen ätherisches Geranienöl
- 1½ EL Zinkoxid (nicht-nano, LSF 30)

Zubereitung:

1. Gib die Sheabutter in ein Glas und stelle dieses in ein Wasserbad. Schmilz die Butter vorsichtig und nimm das Glas anschließend aus dem Wasser.
2. Füge das Traubenkernöl sowie die ätherischen Öle hinzu und verrühre alle Zutaten miteinander.
3. Gib anschließend vorsichtig das Zinkoxid hinzu.
4. Verschließe das Glas und schüttle es gründlich durch. Stelle es anschließend in den Kühlschrank und schüttle es alle fünf Minuten erneut durch.
5. Nach einer halben Stunde verfestigt die Lotion sich zu einer Paste, die du als alltägliche Creme mit integriertem Sonnenschutz verwenden kannst.

After Sun

Anti-Sonnenbrand-Gel

Zutaten:

- 15 Tropfen Biokons Plus
- 70 ml destilliertes Wasser
- 2 g Xanthan
- 40 ml Aloe Vera-Gel
- 20 Tropfen D-Panthenol

Zubereitung:

1. Vermenge das Aloe Vera-Gel mit dem Wasser, dem D-Panthenol sowie dem Biokons.
2. Schäume die Masse mithilfe eines Pürierstabes auf und rühre nach und nach das Xanthan unter.
3. Mixe die Masse so lange, bis eine gelartige Konsistenz entsteht.
4. Fülle das Gel in ein geeignetes Behältnis und bewahre es im Kühlschrank auf.

Aloe Vera-Aftersun

Zutaten:

- 15 Tropfen Biokons Plus
- 50 ml destilliertes Wasser
- 2 g Xanthan
- 50 ml Aloe Vera-Gel
- 5 Tropfen ätherisches Lavendelöl
- 15 Tropfen Bisabolol

Zubereitung:

1. Vermenge das Biokons mit dem Wasser, dem Aloe Vera-Gel, dem Bisabolol sowie dem ätherischen Lavendelöl in einer Schüssel.
2. Schäume die Masse mithilfe eines Pürierstabes auf und gib nach und nach das Xanthan hinzu.
3. Rühre so lange, bis eine gelartige Konsistenz entsteht, und fülle das Aftersun-Gel in ein geeignetes Behältnis. Bewahre es im Kühlschrank auf.

Raumdüfte

Guten-Morgen-Raumspray

Zutaten:

- 2 Tropfen ätherisches Rosmarinöl
- 8 Tropfen ätherisches Blutorangen-Öl
- 2 Tropfen Neroli 10%
- 10 ml hochprozentiger Alkohol (Korn, Wodka oder Ähnliches)
- destilliertes Wasser

Zubereitung:

1. Gib den Alkohol in eine Pumpsprayflasche mit einem Volumen von 100 ml.
2. Füge nun die ätherischen Öle sowie Neroli hinzu und schwenke alle Zutaten.
3. Fülle die Flasche mit dem destillierten Wasser auf, bis diese voll ist.
4. Verschließe die Flasche und schüttle sie gründlich durch.

Vanille-Jasmin-Diffuser

Zutaten:

- 5-10 Bambusstäbchen
- 200 ml Sonnenblumenöl
- 10 Tropfen ätherisches Vanilleöl
- 5 Tropfen ätherisches Jasminöl

Zubereitung:

1. Vermenge das Sonnenblumenöl mit den ätherischen Ölen in einer Schüssel.
2. Fülle die Flüssigkeit nun in eine kleine Flasche, welche im Idealfall einen engen Flaschenhals aufweist.
3. Stelle die Bambusstäbchen in die Flüssigkeit und platziere den Diffuser an einen beliebigen Ort, zum Beispiel ins Bad.

Lufterfrischer

Gegen schlechte Gerüche

Zutaten:

- Natron
- nach Belieben: getrocknete Blätter und Blüten (alternativ: 5 Tropfen ätherisches Öl nach Wahl)

Zubereitung:

1. Verwende ein kleines Schraubglas. Schlage mithilfe von Hammer und Nagel einige Löcher in den Deckel des Glases.
2. Befülle das Glas nun halbvoll mit dem Natron und den getrockneten Blüten oder alternativ mit dem ätherischen Öl.
3. Vermenge die Zutaten gründlich und schraube den Deckel anschließend auf das Glas.
4. Platziere den Lufterfrischer an einem beliebigen Ort, durch die Löcher im Deckel kann das Natron schlechte Gerüche aus der Luft ziehen.

Zitronen-Zimt-Lufterfrischer

Gegen Tabak-Geruch und schlechte Gerüche

Zutaten:

- 1 Bio-Zitrone
- 2 Stangen Zimt
- Wasser
- nach Belieben: einige Tropfen ätherische Öle

Zubereitung:

1. Wasche die Zitrone und schneide sie in dünne Scheiben.
2. Gib die Scheiben in ein flaches Schälchen und fülle diese mit Wasser auf.
3. Gib die Zimtstangen hinzu und träufle nach Belieben ätherische Öle in das Wasser.
4. Platziere die Schale auf der Heizung im Winter oder in der Sonne im Sommer. Durch die Verdunstung des Wassers zieht ein angenehmer und frischer Geruch durch dein Zuhause und entfernt schlechte Gerüche und Tabakgeruch.

Lavendel-Duftsäckchen

Für einen angenehmen Duft im Kleiderschrank oder für besseren Schlaf

Zutaten:

- 1 Handvoll getrocknete Lavendelblüten
- 1 kleines Stoffsäckchen

Zubereitung:

1. Du kannst das Stoffsäckchen auch einfach aus alten Kleidungsresten oder Ähnlichem selbst herstellen.
2. Befülle das Säckchen mit den Lavendelblüten und verschließe es mit Nadel und Faden oder einer Schleife.
3. Hänge das Duftsäckchen im Kleiderschrank auf oder lege es neben das Kopfkissen für einen besseren Schlaf.

Rosenblätter-Duftsäckchen

Zutaten:

- 1 Handvoll getrocknete Rosenblätter
- 1 kleines Stoffsäckchen

Zubereitung:

1. Sammle die Rosenblätter von ungespritzten Rosensträuchern und trockne sie einige Tage lang an einem schattigen Ort oder im Ofen oder Dörrautomaten.
2. Nähe ein Stoffsäckchen oder verwende ein bereits vorhandenes Säckchen.
3. Befülle den Stoff mit den getrockneten Rosenblüten und verwende das Duftsäckchen im Auto, im Schlafzimmer, im Kleiderschrank oder alternativ im Badewasser.

Schlusswort

222 naturkosmetische Rezepte – da fällt die Auswahl des ersten Rezeptes natürlich schwer und du möchtest mit Sicherheit direkt loslegen und Shampoo, Duschgel oder eine heilende Salbe selbst herstellen. Nach Lesen dieses Ratgebers gehörst du nun zu den Menschen, die sich mit ihrer Umwelt und den Produkten, die sie in dieser verwenden, auseinandersetzen und verstehen, dass alles seinen Preis hat. So bequem die Verwendung herkömmlicher Kosmetik auch ist und so schön sie unsere Haut oder Haare gestaltet, weißt du nun, dass all dies mit einem Preis daherkommt, den wir selbst mit unserer Gesundheit, mit unseren Finanzen und mit der Zerstörung unserer Umwelt zahlen müssen. Dass du dieses Buch in den Händen hältst und es bis zum Schlusswort durchgelesen hast, zeigt aber, dass du für eine Umstellung auf die Naturkosmetik mit all ihren hochwertigen und gesunden Inhaltsstoffen und Vorteilen für deinen Körper und deine Umwelt bereit bist. Dir wird diese Umstellung mit Sicherheit nicht immer leichtfallen, denn wie du bereits lernen durftest, benötigt die Herstellung und Verwendung von natürlich- und selbsthergestellter Kosmetik einiges an Aufwand und Arbeit deinerseits. Wie viel schöner ist es jedoch, einfach die Blumen und Kräuter aus dem eigenen Garten zu verwenden und ganz genau zu wissen, was in der Salbe auf deinem Nachtschränkchen beinhaltet ist? Dieser Ratgeber hat dir Rezepte für Naturkosmetik für alle Lebensbereiche gezeigt und erklärt, wie du deine Haut und Haare und sogar deine Nägel pflegst oder dich schminken kannst, ohne zu künstlichen Inhaltsstoffen oder Chemie zu greifen oder Produkte zu verwenden, die an Tieren getestet wurden. Werde also ein Umwelt-Held und kehre zurück zur Natur und Natürlichkeit – viel Spaß beim Zusammenstellen, Verrühren und Ausprobieren der vielen naturkosmetischen Rezepte aus diesem Ratgeber!

Haftungsausschluss

Der Inhalt dieses Ratgebers wurde mit größter Sorgfalt recherchiert und erstellt, jedoch kann für die Richtigkeit und Gültigkeit keine Garantie übernommen werden. Inhalte dieses Buches dienen ausschließlich dem Unterhaltungszweck und ersetzen in keiner Form den medizinischen oder professionellen Rat. Alle Aussagen in diesem Ratgeber sind mit bestem Gewissen und aus eigener Erfahrung zusammengetragen und erstellt worden, weswegen das Buch allgemeine Strategien enthält und nicht als Anleitung verstanden werden sollte. Es liegt ausschließlich beim Leser, ob und wie die Ratschläge aus diesem Buch umgesetzt werden – der Autor haftet nicht für eventuelle Schäden oder Auswirkungen, die in einem indirekten oder direkten Zusammenhang mit dem Inhalt dieses Ratgebers stehen.

Glossar der unbekannten Zutaten

- **Betain (als Tensid):** Bei Betain handelt es sich um ein Nebenprodukt der Zuckerproduktion, denn es wird unter anderem aus der Melasse der Zuckerrübe gewonnen. Hier handelt es sich um einen sekundären Pflanzenstoff, der in der Hautpflege konditionierend und vor Austrocknungen und Irritationen schützend wirkt. Darüber hinaus wird das Betain in der Naturkosmetik als Tensid benutzt, was bedeutet, dass es schaumstabilisierend wirkt und dafür sorgt, dass du ein angenehmes Waschgefühl während der Dusche erlebst. In Shampoo und Conditioner verwendet, erhöht Betain die Griffigkeit der Haare. Betain kannst du in gutsortierten Drogeriemärkten oder online erstehen.
- **Efeu:** Efeu kennen wir eigentlich nur als unnützen und giftigen Anhang an Hauswänden oder der Hecke. Tatsächlich ist der Efeu jedoch eine gerngesehene Komponente in der Naturkosmetik! Efeu hat eine regenerierende Wirkung auf Haut und Haar, was an seinen Polyphenolen liegt. Hierbei handelt es sich um einen sogenannten Defensivstoff, welcher die Pflanze vor Feinden schützt. Dabei schützen diese Stoffe auch vor UV-Strahlen und wirken in der Körper- und Haarpflege antimikrobiell, belebend und kräftigend. Es gibt übrigens über 400 Efeu-Sorten, für die Naturkosmetik verwenden wir aber nur die getrockneten Blätter und Zweige des „Gemeinen Efeus". Du solltest Efeu immer als vorbearbeitetes Produkt erwerben und nicht frisch im Garten sammeln, denn so läufst du keine Gefahr, von den giftigen Stoffen des Efeus angegriffen zu werden
- **Getrocknete Blüten/getrocknetes Obst:** In einigen Seifenrezepten wirst du getrocknete Blüten oder getrocknete Orangenscheiben als Zutaten finden. Diese Komponenten kannst du natürlich selbst herstellen oder erwerben. Achte immer darauf, dass keine Restfeuchtigkeit in Blüten oder Obst zu finden ist, da diese die Qualität und die Haltbarkeit deiner Seifen negativ beeinflussen kann.

- **Glycerin:** Für viele Rezepte wird Glycerin-Rohseife oder flüssiges Glycerin als Grundzutat benötigt. Dabei entsteht Glycerin als ein Nebenprodukt der Biodieselerzeugung aus Raps und ist somit eine rein pflanzliche Komponente. Glycerin wird dabei seit langer Zeit schon in der Kosmetik verwendet, denn es bietet einen guten Schutz für unsere Hautbarriere und beschleunigt, wie neue Studien belegen, sogar nachweislich die Erhöhung der Hautelastizität. Der Inhaltsstoff hat eine sehr gute biologische Abbaubarkeit und eignet sich auch für Allergiker – hier sind wir also auf der sicheren Seite!
- **Haarguar:** Bei Haarguar handelt es sich um ein Guarkernderivat, einem pflanzlichen Stoff, welcher einen schützenden Film um die Haare legt, was die Reizung der Kopfhaut mindert und vorbeugt, dass die Haare entfetten. Darüber hinaus verhindert Haarguar in deinem Shampoo, dass deine Haare sich nach dem Föhnen elektrisch aufladen. So kannst du sie leichter durchkämmen. Haarguar erhältst du in gut sortierten Drogeriemärkten oder online.
- **Hamameliswasser:** Bei diesem Inhaltsstoff handelt es sich um ein Pflanzendestillat, welches aus den Zweigen und Blättern des sogenannten Zaubernuss-Strauchs gewonnen wird. Hamameliswasser wirkt entzündungshemmend, heilungsfördernd und schmerzlindernd. Aufgrund seiner adstringierenden Wirkung wird Hamameliswasser gerne in der Kosmetik-Produktion eingesetzt.
- **Hydrosol:** Bei diesem seltsam klingenden Begriff handelt es sich schlussendlich um nichts anderes als Pflanzenwasser, welche durch einen intensiven Duft und eine hochwertige Wirkung beeindrucken. Dabei kannst du dein Hydrosol passend zu deiner Haut wählen: Hamamelis-Hydrosol wirkt reinigend und reinigend und adstringierend bei fettiger Haut, die zu Akne neigt. Rosen-Hydrosol hingegen hilft allen Hauttypen und wirkt beruhigend und pflegend. Wer unter gereizter Haut leidet, sollte zu Kamillen-Hydrosol greifen, denn dieses verbessert die Hautelastizität und hat eine antiseptische und antibakterielle Wirkung. Wer einen Sonnenbrand hat oder unter trockener Haut leidet, der sollte zu Gurken-Hydrosol greifen. Dieses Pflanzenwasser ist feuchtigkeitsspendend und kühlt. Muskatellersalbei-Hydrosol eignet sich hingegen für eine glattere Haut und beugt fettiger Haut vor. Schlussendlich ist auch das

Geranium-Hydrosol sehr beliebt, denn es eignet sich für die Anwendung auf allen Hauttypen und wirkt beruhigend, ausgleichend und entzündungshemmend.

- **Kastilienseife:** Bei diesem Produkt handelt es sich um eine natürliche Seifenbasis aus verseiften Bio-Ölen aus Kokos und Sonnenblumen. Dadurch, dass Kastilienseife einen milden pH-Wert hat, trocknet sie die Haut nicht aus und kann sogar als mildes Waschmittel verwendet werden.
- **Kernseife:** Für die Herstellung von Flüssigseifen wirst du Kernseife benötigen. Diese entsteht durch eine Verseifung von Fetten (dies können tierische Fette, wie Schweine- oder Knochenfett oder Pflanzenöle mit Natronlauge sein – wir setzen in der Naturkosmetik natürlich auf die pflanzliche Alternative). Kernseife wirkt antiseptisch und kann bereits allein für das Händewaschen verwendet werden, da sie die reinigenden Eigenschaften von Tensiden besitzen. Darüber hinaus gilt Kernseife als die pure Seife schlechthin, ohne Zusatzstoffe, Duftstoffe oder überflüssigem Fett, weswegen auch sie sich für Allergiker eignet.
- **Naturseife:** Bei Naturseifen handelt es sich um rein pflanzliche Seifen, die feuchtigkeitsspendendes Glycerin enthalten und rückfettend wirken. Du erhältst solche Naturseifen in Drogeriemärkten, in kleinen Seifensiedereien, auf Märkten oder online.
- **PH-neutrale Seife:** PH-neutral bedeutet, dass eine Seife weder basisch noch sauer ist. Hier kann eine Kernseife nicht verwendet werden, da diese einen pH-Wert 8 oder höher hat. Du findest pH-neutrale Seife aber in allen Drogeriemärkten oder im Supermarkt, auf den jeweiligen Produkten sollte ausgeschrieben sein, dass sie pH-neutral sind.
- **Rokonsal:** Bei Rokonsal handelt es sich um ein pflanzliches Konservierungsmittel, welches dafür sorgt, dass deine Kosmetik länger haltbar ist. Da Rokonsal nur bei einem pH-Wert von über 5.5 wirkt, muss mit Mitteln wie Milchsäure nachgeholfen werden.
- **Sojalecithin:** Bei Lecithin handelt es sich um Phosphatidylchonline, einer Gruppe von chemischen Verbindungen, die zum Beispiel Phosphorsäure und Fette enthalten. Gewonnen wird der Stoff in diesem Fall aus pflanzlicher Soja. In der Naturkosmetik kommt Lecithin zum Einsatz, wenn ein Emulgator benötigt wird. Solltest du allergisch auf Soja reagieren, solltest du jedoch auch kein Sojalecithin verwenden.

- **SCI:** Die Abkürzung SCI beschreibt den Begriff: Sodium Cocoyl Isethionate. Hierbei handelt es sich um ein anionisches Tensid, welches aus natürlichem Kokosöl hergestellt wird. Dadurch, dass es schwach wasserlöslich ist, eignet es sich sehr gut für die Herstellung von Seifen oder Shampoo-Bars. Es schäumt selbst bei hartem Wasser sehr gut und wirkt mild zu Haaren und Kopfhaut.
- **SLSA:** Diese Abkürzung steht für den Begriff: Sodium Lauryl Sulfoacetat. Hierbei handelt es sich um ein Tensid, welches dafür sorgt, dass dein Shampoo auch schäumt. Dabei ist diese Art der Tenside eine pflanzliche: Sie werden nämlich aus Kokos- oder Palmöl (wir präferieren natürlich die Kokosöl-Variante) sowie organischen Salzen aus der Essigsäure hergestellt und sind in einer feinen Pulverform erhältlich. Das SLSA-Tensid ist sehr mild zur Haut, trocknet deine Haare sowie deine Kopfhaut nicht aus und hinterlässt ein angenehm weiches Gefühl. Du kannst es in gutsortierten Drogeriemärkten oder online kaufen. Achte bei der Verwendung von SLSA immer darauf, dass es im trockenen Zustand stark staubt. Deshalb sollte es von dir nicht eingeatmet werden!
- **Seifenfarbe:** Die Seifenfarben, die in den nachfolgenden Rezepten angegeben sind, sind ausschließlich dazu da, die Optik deiner selbsthergestellten Seife zu verändern und diese somit mehr ihren Inhaltsstoffen anzupassen. Damit deine Seifen an Farbe gewinnen, musst du übrigens nicht zu synthetischen Stoffen greifen, denn hier gibt es eine Vielzahl an rein pflanzlichen Alternativen, die du entweder schon gebrauchsfertig erwerben oder mithilfe von Tonerde, Holundersaft oder anderen Pflanzenmaterialien selbst herstellen kannst.
- **Xanthan:** Bei Xanthan handelt es sich um ein natürlich vorkommendes Polysaccharid, Das bedeutet, dass der Inhaltsstoff aus verschiedenen Einzelzuckern aufgebaut ist. Tatsächlich wird Xanthan von einer Bakterienart, der Xanthomonas campestris, und ihren Mikroorganismen produziert, indem Zucker in Xanthan umgewandelt wird. Xanthan wirkt in Naturkosmetik bindend, emulgierend und emulsionsstabilisierend. Darüber hinaus pflegt die Substanz die Haut. Du erhältst Xanthan in gutsortierten Drogeriemärkten oder online.